A NEW UNDERSTANDING OF CRIME

新・犯罪論

「犯罪減少社会」でこれからすべきこと

荻上チキ×浜井浩一

OGIUE CHIKI　HAMAI KOICHI

現代人文社

はしがき

かつて浜井浩一氏は、社会学者の芹沢一也と共に『犯罪不安社会――誰もが「不審者」？』（光文社新書・2006年）を著した。犯罪は総じて減少傾向にあるにもかかわらず、メディアやコメンテーターが不安を煽る。そこには「犯罪不安市場」というべきものができ上がっている。不安に駆り立てられた市民たちは、さらなる厳罰化を望む一方で、効果的な抑止論や更生論には興味を示さずにいる。こうした現状に警鐘を鳴らしたのが、先に挙げた一冊だった。

実際に身近で発生した「犯罪」にではなく、メディアが拡大する「犯罪不安」に支配されたままの議論は、犯罪リスクをめぐる議論を歪めてしまう。犯罪報道の多くは、警察発表以外の情報がほとんどない中で、たまたま把握された断片の数々をつなぎ合わせ、犯罪像を築き上げていくものだ。だが、そこで行われた報道がどれくらいの確からしさであったのかと、事後的に検証されることはない。

とくに90年代頃までは、メディアでは過剰に「犯罪者の心理」が注目され、同時に凶悪犯罪が急増しているような報道が行われていた。一方で、経済的要因や制度的欠陥など、「社会環境の課題」については触れられないことが多かった。そこで語られる犯罪は、あたかも「普通の人」と異なる、特殊な「心の闇」を抱え怪物化した者が行うものとされており、その前兆がなかったかどうかを卒業アルバムなどに求める。こうした論調は今なお強い。

犯罪に関する報道は、それでも多少なりの変化をしたようには思える。犯罪を取り上げる際に、社会の側が「なぜ防げなかったのか」という観点から特集する番組・記事が増えた。そのうちいくつかは、福祉的な課題などに目を向けていく。こうした傾向が出てきたこと自体は歓迎できる。その一方で、もっと未然に監視できなかったのかというような論調も多い。

本書は、前掲著『犯罪不安社会』の「次」を見据えた本と言える。犯罪は「実は」減っている。メディアの報道には「実は」バイアスがある。研究者などの間では当たり前のことのはずなのに、世の中には「実は」そうだったのかと、驚きとともに受け止められる。内閣府の調査では、未だ8割近い市民が少年非行は「増えた」と考えており(「少年非行に関する調査」〔2010年11月〕より)、その理由をネットの普及などに求めている。

しかし、現在の私たちは「犯罪減少社会」を生きている。そのことを前提としたうえで、そろそろ「次」の議論をしなくてはならない。何が犯罪抑止に効果があるのか。罪を犯した人が更生するのに何が必要なのか。「誰も犯罪をしたがらない社会」をつくるため、論拠に基づいた議論を重ね、社会構造を組み替えていく。そのために、政治に、メディアに、そして市民に求めたい議論の形を、本書の中で存分に語り合った。さらに「次」の社会をつくるため、ぜひあなたも、本書で得られた知見をもとに、隣人たちとの語り合いを始めてほしい。

荻上チキ

2015年9月

目次

contents

犯罪統計は誤解されている

荻上

僕は学生時代から浜井さんの著書のファンで、書かれた本はほとんど読んでいます。１９８１年生まれの僕は、90年代をティーンエイジャーとして過ごしました。若者はいつの時代も、年長世代によって好き勝手に言われるものですが、当時の十代もまた、メディアによって悪意あるラベルを貼られた世代でした。

たとえば、神戸連続児童殺傷事件（１９９７年に神戸市で発生した当時14歳の少年による複数の児童殺傷事件）、佐賀バスジャック事件（２０００年に佐賀市から福岡市に向かうバス車中で当時17歳の少年が乗客らを殺傷した事件）、援助交際などについての報道が盛り上がると、これら特異な事例を全体化して「キレる十代」、「援助交際《エンコー》世代」と括られる。「若者に何か異変が起きている」という前提に立ち、昔はこんなことはなかったのに、という語りが一気に氾濫する。

そこから、各論客が好き勝手な議論を始めるわけです。それも、それぞれの好みの議論に牽強付会して。郊外化が問題だとか、社会構造が変わっただとか、道徳教育が機能しなくなったとか、社会の前提が崩れたのだとか、家族の絆が失われたとか。少年犯罪が増えていて、なおかつ凶悪化・変質しているという前提で、それぞれの論客が、それぞれの言論商品を売ろうとしていた。「うちの商品を買うと世の中よくなるよ」というように。若者を悪魔化して、不安言説をばらまいたうえで、今度はお守りを売るというマッチポンプですね。今振り返れば、社会心理ばかりがクローズアップされ、経済構造の変化に鈍感だったのも、当時の「論壇」の特徴と言えるでしょう。

当時は僕も漠然と、「自分たちは何かが変わった世代なんだろうか」と思っていました。なにせ、前の時代に若者として生きた経験がないわけですから、比較材料がない。人気の学者も本でそう言っているので、そうなのかなと。しかし学生になり、浜井さんの本や言説等に触れて、「あれ?」と思いました。「犯罪が増加・凶悪化したという言説って、根拠なく語られてきたのか」と驚いたのです。政治も、報道も、知識人も、ずいぶんと適当なのだなと学びました。

僕が学生の頃、2003年から2004年頃から「ブログ元年」という言葉も生まれ、ネット上での個人の情報発信が容易になっていく時代でした。ネット上には、管賀江留郎《かんがえるろう》さんの「少年犯罪データベース」(http://kangaeru.s59.xrea.com)をはじめ、さまざまなテーマをデータに基づいて検証する言説が多く出てきました。データですべては語れないにせよ、せめて今あるデータに基づき語ること、その重要さを、学生時代に学びました。

政策は、現状を把握し、論拠を示しながら処方箋を提示し、そして効果測定をしながら修正していくことが必要です。それぞれのタイミングでタイムラグは発生しますが、丁寧な手続き抜きには社会問題は解決しません。政治実行の際には、リアリズムの観点に立ち、予算制約とか、人権・倫理面とか、あるいは当事者の反応を見て、PDCA（plan-do-check-act）サイクルを回していくことが必要になります。

未だに、犯罪が増加している・凶悪化しているという言説はあちこちで聞かれます。象徴的な事件が起こると、何か時代が変質したのだと煽る言説が氾濫し、「心の闇」、「時代の歪み」といったチープな表現が出回ります。政治家も、そうした声を煽り、自ら望む立法方針を正当化します。それに対し2000年代は、データに基づいて「増えているとは言えないよ」、「戦前も凶悪犯罪はいっぱいあったよ」、「若者よりも中高年のほうがやばいよ」という応答が、複数の学者などにより繰り返されていました。このように流言を中和していく作業はとても重要で、僕自身もその言説運動にコミットしてきました。

一方で、不安言説への応答だけでなく、犯罪への対処や政策への提言の次元となると、「犯罪は増えていないよ」式のカウンターだけでは不十分なのも事実です。かつてより減っていようが、今ある犯罪というものには適切に対処しないといけませんし、その方法は常に向上される必要があります。被害者にも加害者にもならずに済むような社会、あるいは被害者へのケアのあり方、加害者の更生のあり方についても発展させていかなくてはなりません。

そこで本書では、浜井さんと二段構えの議論をしたいと思います。まず実態として、今のニッポンの犯罪における課題は何か、ということを明らかにします。そのうえで、これからどんな処方箋が必要なのかということを一緒に考えていきたいと思います。

まずは前者、現状の確認作業からまいりましょう。「犯罪は増えていない」ということは、最近ではよく言われるようになりましたが、データ上はどうなっているのでしょうか。

犯罪統計の読み方

浜井　犯罪が増えているか減っているかを何でカウントするかによりますよね。日本における犯罪統計とは、原則としては警察統計を意味します。一般的には、警察の認知件数、検挙件数、検挙人員が使われます。**認知件数**は、警察に被害届などが持ち込まれて、警察がそれを受理した事件の件数。**検挙件数**は、警察が被害届を受理して、捜査の結果、検挙した事件の件数のことです。被害届が出ていなくても、警察が職務質問によって自転車盗を検挙したり、覚せい剤取締法違反や道路交通法違反のように警察の取締りによって検挙した事件の件数も検挙件数に含まれます。取締りによる検挙件数は、警察がどれだけ頑張ったかを示している統計で、検挙件数が多かったからといって犯罪の発生件数が多いとは限りません。**検挙人員**は、捜査や取締りによって検挙した人の人数です。たとえば、窃盗などは余罪が多いのですが、窃盗犯を検挙したとしても、余罪をどの程度徹底的に追及するかによって検挙件数は違ってきます。いずれにしても、警察統計は、警察の活動記録なので、犯罪の発生をそのまま反映しているわけではありません。

荻上　警察の力の入れ具合によって、数値が変化するわけですね。

浜井　そうですね。同じ要素は、被害届を出す側についてもあります。たとえば、世間に対して「痴漢は、犯罪です」というかたちで訴える、そして、女性が被害を訴えやすいように窓口をつくることによって、痴漢行為が顕在化してくる。そういう要素によって、警察統計は、非常に変わってくるものです。

荻上　DV被害や児童虐待、ストーカー被害などはとくに、そうした「啓蒙効果」、つまりは問題として知られることによる掘り起しが進み、認知件数が増えているという実情がありますね。社会の人権意識が進んだ結果、人権問題が件数上増える、というわけです。

浜井　罪種によっても、統計の読み方は大きく変わってくる。たとえば、窃盗と殺人では統計の読み方は当然違います。殺人は、比較的暗数（実際に起きた犯罪の数のうち、統計に現れない犯罪の数）は少ないとされています。だから、殺人の統計は、犯罪統計の中でも最も信頼性が高く安定した数値を示します。街頭犯罪、たとえば自転車盗、自動車／バイク盗、車上狙いというのは、街頭に置かれた自転車、バイクが増えれば増えますし、それに対して鍵をかけるなどの防犯対策をとるだけで被害数はかなり減少します。自転車盗や自転車を対象とした占有離脱物横領などは、駅前の放置自転車を一掃し被害対象物を見えなくするだけで、その発生をかなり減少させることができるし、自転車に対する警察官の職務質問を積極化するとより多くの自転車盗が発覚、つまり検挙されることになります。街頭犯罪は、取締りや防犯対策によって数が大きく変動します。

このように行政機関が、自分たちが処理した件数を計上した統計のことを業務統計と言います。業務統計である警察統計は、一義的には警察の活動状況を表している統計なので、罪種を区別せずに一括して犯罪が増えているとか減っているとか論ずることは、そもそも間違いということになります。

いずれにしろ、世間で言われる犯罪統計とは、警察が事件として処理をした件数を示している業務統計であって、客観的に発生している犯罪を測定している調査統計ではありません。

実は、公式統計には、大きく分けて業務統計と調査統計の2種類があります。調査統計は、世論調査と同じように社会調査によって得られた統計です。

国の公式統計の中で一番信頼できる統計というのは国勢調査です。なぜなら、国勢調査は全数調査による統計だからです。個人や世帯を対象にする調査統計で、日本に存在する**全数調査**

は、国勢調査のみです。

それ以外のさまざまな社会調査による公式統計は、**サンプル調査**によってつくられています。たとえば、よく取り上げられる公式統計に失業率があります。失業率という統計を作り出すのに、すべての失業者を数えているわけでも、ハローワークに来た失業者を数えているわけでもありません。全国から無作為抽出した4万世帯、10万から11万人に該当しますが、この人たちを対象に、働く意思と能力をもち、求職活動を行っていながら、就職の機会を得られない者を「完全失業者」と定義して、調査を実施して、完全失業者の割合を調べたものが失業率です。

警察統計を読むうえでの最大の問題は、業務統計である警察統計と調査統計である労働力統計を同じ公式統計としてごっちゃにして扱っていることです。失業率が何ポイント変化したということと、検挙率が何ポイント変化したということを同じレベルで扱ってはいけません。認知件数というのは、社会で起きている犯罪の数を数えているわけではありません。検挙率は、単純に検挙件数を認知件数で割っただけのものです。科学的に実施された調査統計と、そうではなく行政機関が処理した業務件数を計上しただけの業務統計とが、同じように扱われていることが一番大きな問題なのです。警察統計を正しく読みこなすためには、その統計がどのように計上されているのかを十分に理解し、統計が持っている限界をきちんと把握しておくことが必要です。

警察統計は警察の通信簿

荻上　何が分母で、何が分子なのか。その計算の仕方がどう変わったか。こうした、「データの意味」を理解することが必要ですね。警察統計というのは、いうなれば「警察の通信簿」です。だからこそ警察のほうでも、その統計値を公表するかしないかというインセンティブも変わることがあるわけです。

浜井　そうです。警察も１９９０年以前には、高い検挙率に大きな価値を置いていた時期がありました。たとえば１９８９年以前の警察庁長官は、検挙率は治安のバロメータと考え、高い検挙率を維持するように現場に指示を出していました。検挙率が警察の威信につながると考えていたのです。その時期は、警察庁長官の多くがいわゆる警備・公安の出身者で占められていました。警備・公安というのは、刑事・捜査と違って、一つひとつの事件への対処よりも、国家の安全と秩序を守るための警察です。そこの出身者がトップを占めていたわけなので、検挙率は警察の威信の象徴として重要だったのです。

そうした状況の中、１９８０年代後半にはじめて刑事・捜査の出身で警察庁長官になったのが金澤昭雄長官です。おそらく、安保闘争が収束し、過激派の存在が小さくなるにつれて、警察庁内部の力関係に変化があったのだと思います。

金澤長官は、検挙率などの数字にこだわっても、国民一人ひとりの安全が確保されるわけでも、国民が満足するわけでもない、もっと、国民が望んでいる活動に警察は力を入れるべきだと考え、国民目線の警察を目指そうと方向転換を図りました。検挙率という、数字だけ整えても意味がないと考えたのです。

当時も今も、一般刑法犯の3割前後が自転車盗で、自転車盗を多く検挙すれば検挙率は上がります。自転車盗や自転車の占有離脱物横領の検挙件数は、地域課の警察官が職務質問を一生懸命頑張れば増加します。金澤長官は、検挙率を上げるために自転車盗だけたくさん検挙しても意味がない、警察は、もっと重大な事件に力を注ぐべきだと考えたわけです。たとえば、自転車盗よりも侵入盗のほうが国民の不安は強いわけだから、侵入盗の検挙など、国民の不安感を和らげるような、国民の期待に応えるような警察活動に力を入れるべきだということを、金澤長官はあらゆる会議の場において繰り返し訓辞しています。その結果、1990年以降自転車盗の検挙件数が大きく低下しました。結果として、検挙率も下がりました。しかし、金澤長官は、たとえ検挙率が低下しても、自転車盗の検挙件数が低下したことに対して「自分の意図することがようやく伝わった」と肯定的に評価しています。

検挙率は、検挙件数を認知件数で割っただけの数字です。そうした数字は警察が今何に力を入れて活動しているかを示しているにすぎません。たとえ、検挙率が下がったとしても、それが国民がより不安を感じている犯罪対策に力を入れた結果であるとすれば、国民の満足度は高い、治安の状況は改善していると言えるかもしれないわけです。そういう見方が必要だと思います。重要なことは数字を読み取るリテラシーです。

荻上　そういうインサイドの情報があると、また評価の仕方も変わりますね。

最近、「ネズミ捕り」の効果がなさそうだからやめようかという話題がありました。「ネズミ捕り」というのは、警察が仕事しているよというアピールになるのと同時に、一定期間に検挙数向上や罰金徴収などの目的を果たしやすい。ただ、「交通事故を未然に防ぐ」という目的を果たすためであれば、ネズミ捕り以外にこそ有効な方法がある。

たとえばオーソドックスには、道路工学的な手法に基づき、道路の設計そのものを変えるという方法があります。スピード違反が多いとか、事故が多発している場所というのは、何かしらの道路設計上のミスがあるということです。だとすれば、道路の見通しをよくするとか、カーブミラーを設置するとか、バンプを設けて物理的にスピードが出にくくするとか、予算と地形を見て最適な解を探す。ネズミ捕りに取り組む警察官に人件費を割くのであれば、道路工事と保守点検に費やすことはできないかなど、どの方法がいいのかを検討したうえでの最善策としてネズミ捕りが採用されているのかと言えば、検討の余地があるというのが現状でしょう。

もちろん、全否定はしません。犯罪捜査における一斉検問や、飲酒運転の取締り、警察官の見回りは一定の効果もあるでしょう。ただ、その仕方もさまざまな条件で変わる。一定のアルコールを検出した場合にはエンジンがそもそもかからないような仕組みが普及すれば、警察が対応すべき領域も変化します。

警察の「通信簿」という観点から言えば、警察の利用者満足度調査などを行い、その変遷を追うなどすれば、市民への対応の向上に努めようというインセンティブになるでしょう。

浜井　そうですね。利用者満足度に関して、私は2011年にヨーロッパの研究者らと協同で刑事司法に対する信頼調査を実施しました。結論から言うと、日本の警察に対する信頼は、国内の他機関と比較すると高いのですが、北欧など主要ヨーロッパ諸国と比べると信頼度が低いという結果になっています。これについては後でまた説明します。

それから、正確に犯罪が増えているのか、減っているのかを知りたいのであれば、先ほど言ったような失業率と同じようにサンプリング調査を実施すれば、客観的に犯罪被害率を把握することができます。そのうえで、その結果を警察統計と比較すれば、警察統計の変化が何を表しているのかを推認することができます。そういうことをしていかないと本質的な議論にはならないんです。

このような犯罪被害を対象としたサンプリング調査を**犯罪被害調査**（crime victimization survey）と言い、先進国では広く行われています。しかし残念ながら日本では、私が法務省在職中に国連の調査に参加する形で始めたパイロット的な調査しか行われていません。アメリカでは、サンプル数10万人、イギリスでも4万人、韓国でも最近万単位のサンプル数で実施されています。しかし、残念ながら日本では実施されていません。この犯罪被害調査の実施方法は、失業率を計算するために実施されている労働力調査とまったく同じです。日本で実施するなら、サンプル数を労働力調査と同じ4万世帯にすれば、0・1ポイントのレベルで犯罪被害率を推定することができます。

犯罪被害調査では、過去1年間の侵入盗や自転車盗といった窃盗や痴漢などの性犯罪について、被害経験や、その被害を警察に通報したかどうか、通報しなかったとすればその理由などを聞きます。そこで実際に犯罪被害の増減と被害者の通報行動や警察の受理方針との関係なども分析することができます。

最近、どの役所でも数値目標の設定が行われていますが、仮に、犯罪件数を数値目標化する際に、犯罪被害調査で得られる被害率を数値目標化するのであれば問題ありません。調査で得られる被害率は、業務統計ではなく調査統計の結果なので、統計の信頼性・妥当性という観点でも問題はありません。それは、厚生労働省が失業率の減少を数値目標化するのと同じです。なにより失業率は、厚生労働省ではなく総務省が実施している統計なので、その意味でも、自分たちが作成している統計で自分たちが評価されるという矛盾を解消することができます。

もし大規模な犯罪被害調査があれば、認知件数を数値目標化して、認知件数が減少しても、犯罪被害率に変化がなければ、その変化は犯罪被害が減少したためではなく、事件が認知されなかっただけと確認することができます。そうなれば、業務統計の数字を恣意的に操作するようなモチベーションは生じなくなるはずです。

荻上　ちなみに、調査に関する報道を行った場合、視聴者やリスナーから、「その数字は操作されていないのか」といったレスポンスがしばしばきます。政府や行政が好きに数字を操作しているのではないかと。多くは誤解ですが、そうした不信感を払しょくするためにも、適切な調査統計の継続は重要です。

また、メディアが世論調査の際にしばしば用いるRDD方式の電話調査の場合だと、「昼に在宅している主婦などの意見ばかりが反映されてバイアスが生じる」といった誤解もあります。RDDは「ランダム・デジット・ダイヤリング（Random Digit Dialing）」の略で、その名のとおりランダムで作った電話番号にかけたうえで、サイコロやプログラムを用いて出た目に従い、「家族のうち、上から何番目の人に代わってください」と依頼、その人が在宅でなければ在宅する時間を聞いたうえで何度かかけ直す、といった作業を行うのが通常です。そのうえで、人口動態などを見ながら世代などが調整・補正されるので、そうした単純な仕方でバイアスは発生しません。「在宅主婦の意見ばかり」、「タウンページに掲載している人だけが対象」、「携帯電話が対象とならないと、若者の意見が含まれない」というのが、よくある誤解ですね。「統計のウソ」系の議論が流行した一方で、「適切な統計」のほうも議論される必要があります。もちろんこれはセオリー上の話で、各社が適切なオペレーションを行っているかは、個別の検討が必要です。

行政の水準で重要になるのは、調査設計だけでなく、活用設計ですね。誤った数値をもとに、誤った効果目標を設定してしまうと、議論がおかしくなります。

浜井　大阪府警での認知件数の過少計上問題（2014年に、大阪府警で2012年までの5年間の認知件数に未計上分があったことが発覚した事件）も、新聞などは警察の不祥事として扱っていましたが、それは間違いだと思います。認知件数の過少計上の問題は、認知件数が数値目標として使用されるようになってからたびたび起きている問題で、問題の本質は、警察活動の記録である業務統計を使って数値目標を設定している点にあります。

つまり、警察を、警察が計上している統計で評価するという構造になっていることが問題なのです。認知件数が増加して評価が下がれば、認知件数をなんとかして少なく見せたいと思うのは当然のことです。それは評価の構造的な問題で、不祥事扱いするのは問題のすり替えです。数字というのはひとり歩きしやすいもので、警察の場合、認知件数を5年間で20％削減しようなどということが数値目標化されてしまった。そして、数値目標を達成した県警とそうでない県警が比較されることになるのです。

結局のところ、大阪府警の過少計上でも、ひったくりなど街頭犯罪ワースト1を返上しなくてはならないという圧力がかかり、各警察署は自分たちの裁量の範囲で認知件数を少なく計上するように工夫したわけです。実は、犯罪被害の数え方は意外と複雑です。ある地域で一晩の間に起きた駐車場の車上狙いを何件と数えるべきか考えてみてください。被害1台につき1件なのかというとそうではありません。これは構造上の問題なので、数値目標を設定するのであれば、過少計上などの工夫ができないような仕組みをつくらなくてはなりません。つまり、犯罪被害調査のような調査統計を導入すればよいわけです。

犯罪被害調査があれば、調査が対象としている罪種の増減については、警察統計を使う必要がなくなります。ただし、加害者側の情報については、犯罪被害調査でわかるのは加害者が知り合いである場合に限られるので、詳しいことを分析したければ警察統計が必要となります。また、被害者のいない犯罪や被害者が死亡している犯罪については、犯罪被害調査からは何の情報も得られません。警察統計と犯罪被害調査は車の両輪で、犯罪被害調査があれば警察統計の妥当性や信頼性は高まるわけです。

荻上　警察統計は要らないということではなく、効果的な指標が複数あればいいということですね。

少し畑の違う例を出します。文部科学省はいじめの統計をとっていますが、このいじめに関するデータは、各学校が文部科学省に報告したものが集計されています。データだけ見ると、たとえば2006年や2012年などに、突出していじめが増加しているように思えます。ただこれは、いじめが社会問題化したタイミングで、「業務統計」上の「認知件数」が急増しているにすぎず、このタイミングにいじめそのものが急増したということではありません。

メディアで大きく報道されると、教師も前より意識的にいじめを探すようになるし、保護者もよりプレッシャーをかけます。それまで年に1回だった面談を2回にしたり、アンケートをとったり、いじめに関する啓発を行うことで、単年度だけ些細な事例も含めて報告されやすくなる。それぞれの試み自体はとてもよいことではあるのですが、その翌年や翌々年からはガクッと認知件数が減る。この推移を見て、データの扱いに不慣れな教育評論家だと、日本ではいじめのピークが3回あったとか、最近はネットいじめによって増大したのだとか言ったりする。実際には、いじめが増加しているデータはない一方、「調査統計」の中にはむしろ、いじめ被害体験の減少傾向を示唆するデータも複数あり、少なくともいじめが「凶悪化」、「増加」しているとは言えません。

しかし、学生時代の振り返り調査などを量的に行った場合も、この文科省の「認知件数」の時期に「いじめを受けた」という人がとくに多いという結果にはなっていません。また、ネットいじめを受けている人は、ネットがない時代に比べるともちろん「増加」しましたが、「ネットいじめだけを受けている人」というのは全体のいじめ件数の1%以下です。リアルないじめを受けて、追加でネットいじめを受けているというのが実情で、リアルいじめそのものの発生件数が急増しているというデータもありません。

先のような誤った議論をしてしまいますと、ただでさえこれまでいじめ対策が十分にされていなかったのに、新たなネットいじめにこそ力を入れましょうといって、裏サイトをすべて監視しましょうとか、無駄なことに予算が使われてしまうことになる。

僕は、いじめ防止に取り組むＮＰＯの代表としても活動していますが、そこで提案しているのは、「学校利用者による授業評価調査」をやってほしいということです。現在、各大学でやっているようなことをもう少し拡充した調査のようなイメージですね。授業についていけているか、宿題の量は適切だと思うか、そして、いじめに遭ったことがあるかどうか等をいじめ項目ごとに聞く。さらには、先生から体罰を受けたかどうか、さまざまなハラスメント行為を受けたかどうかを聞く。教師としての能力を採点するというのではなく、適切な授業ができていないような、逸脱したような事例の増減を把握し、分析を通じて問題解決のヒントも探るために活用する。これが出てくれれば、さきほどの認知件数が発生件数をどれだけ捉えているかがわかる。少なくとも今の調査よりもよくはなるわけです。

学校の授業についていけているか否かなど、学校ストレスといじめ加害との間に関係があることが指摘されている中で、「加害者にならずにすむ教室づくり」も必要となる。そうした点で、教室が機能しているのか否かを把握する試みが必要ということですね。統計のとり方を変えることによって、今よりも実態に近いところを把握して、問題解決をしていけるようになる。でも、今とられているデータも、まったく使えないかと言うとそうでもない。注意しながら参考にすればいいのであり、少なくとも「凶悪犯罪や少年犯罪が増えている」という言説に関しては、その根拠がない、あるいはそうした傾向は見られないということは言えるわけですね。

浜井　それぞれの統計の特徴を活かして使うことが必要なわけです。警察統計は、業務統計として見たときに、今警察はどういう犯罪に力を入れているかがわかりますし、犯罪被害調査では測定できない情報もたくさん盛り込まれています。犯罪の認知段階では、手口や犯行時間や場所などの情報、検挙段階では、加害者と被害者の関係や動機に関する情報などです。
だから、犯罪を研究するうえで警察統計は重要な情報源であることは間違いありません。要するに、使い方次第です。統計が持っている情報の限界をしっかり理解したうえで使うことが重要です。

世界一安全な国ニッポン

荻上　日本の犯罪は減っているか、増えているか。まずは、今存在する統計から見ていきましょう。

浜井　暗数が一番少ないとされていて、認知件数と検挙件数がほぼ一致する、つまり検挙率が極めて高いのは殺人の統計です。殺人統計を見ると、検挙人員を含めて1955年頃から一貫して

図１　殺人の認知件数等の推移

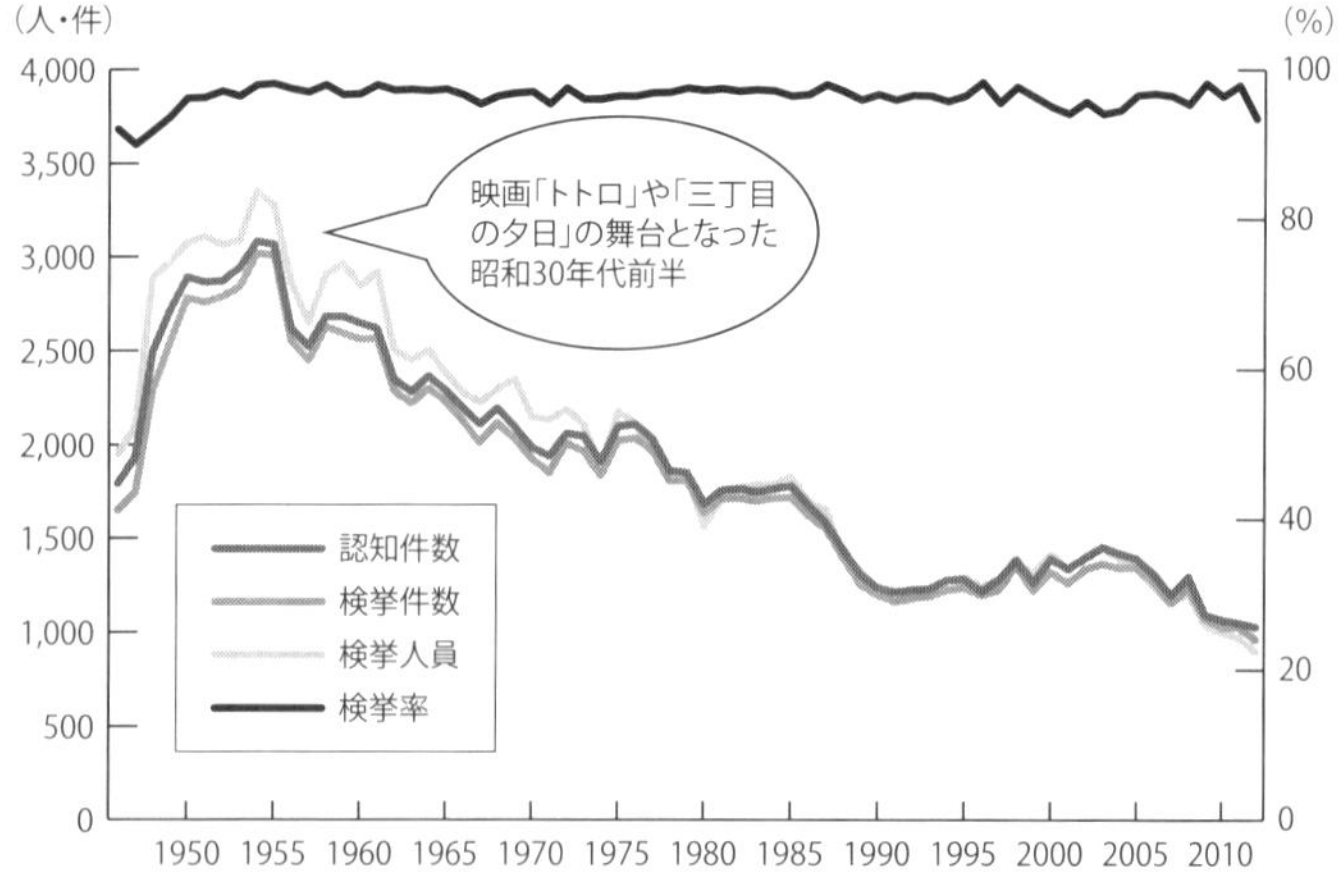

出典：警察庁の統計による。

図２　人口10万人当たりの年齢層別殺人犯検挙人員

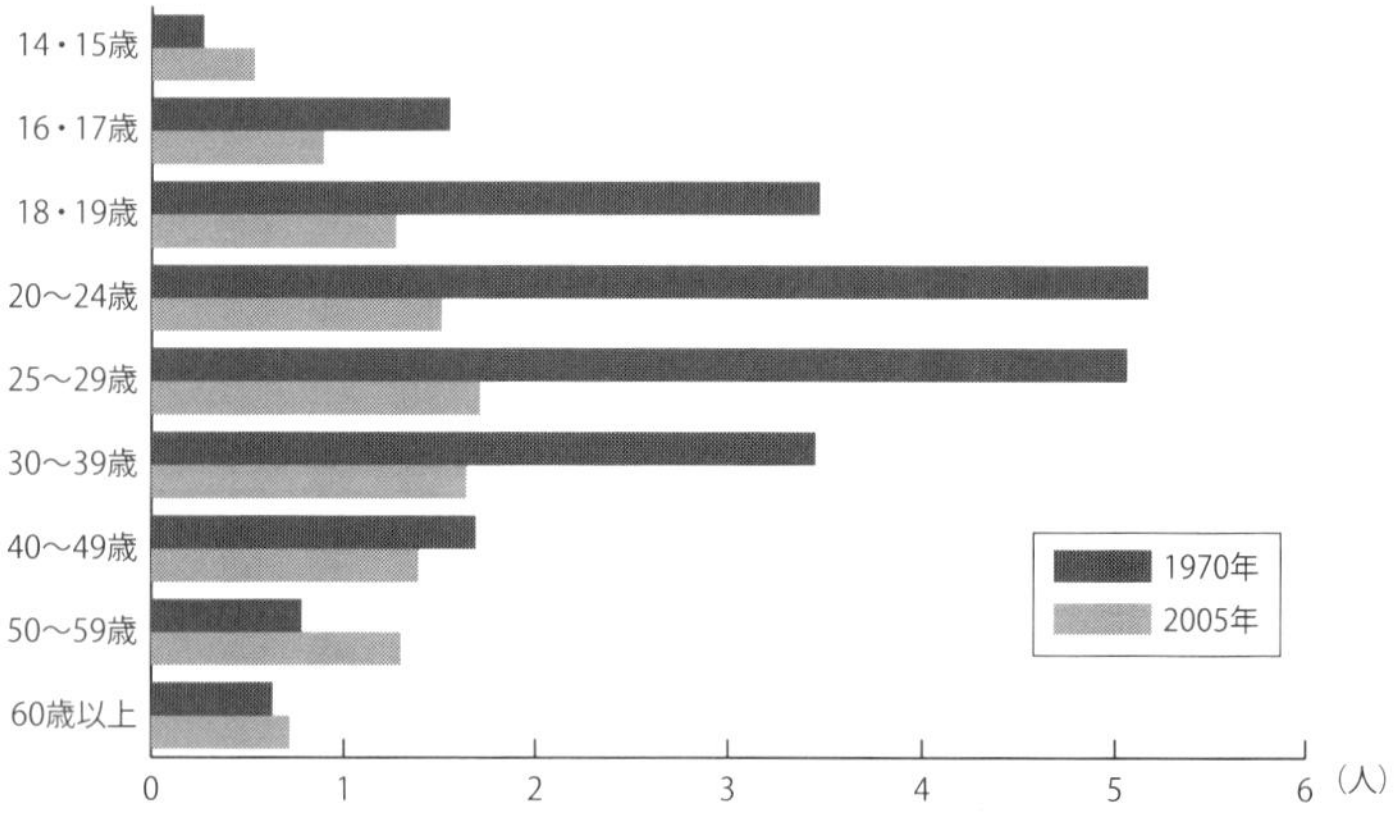

出典：警察庁および総務省の統計による。

図3　加害に基づく傷害による死亡人員の推移（他殺統計）

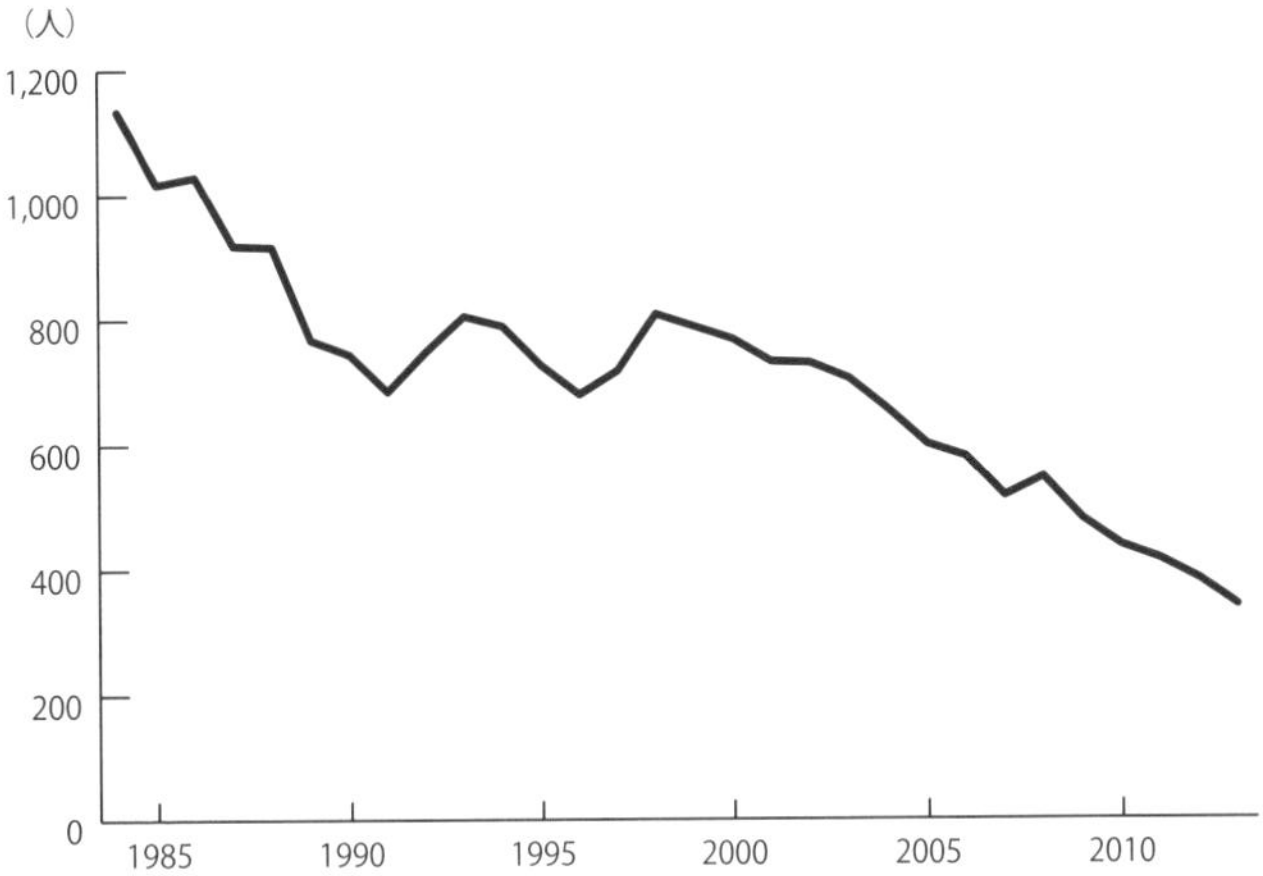

出典：人口動態統計による。

図4　年齢層別窃盗犯検挙人員および普通出生数の推移

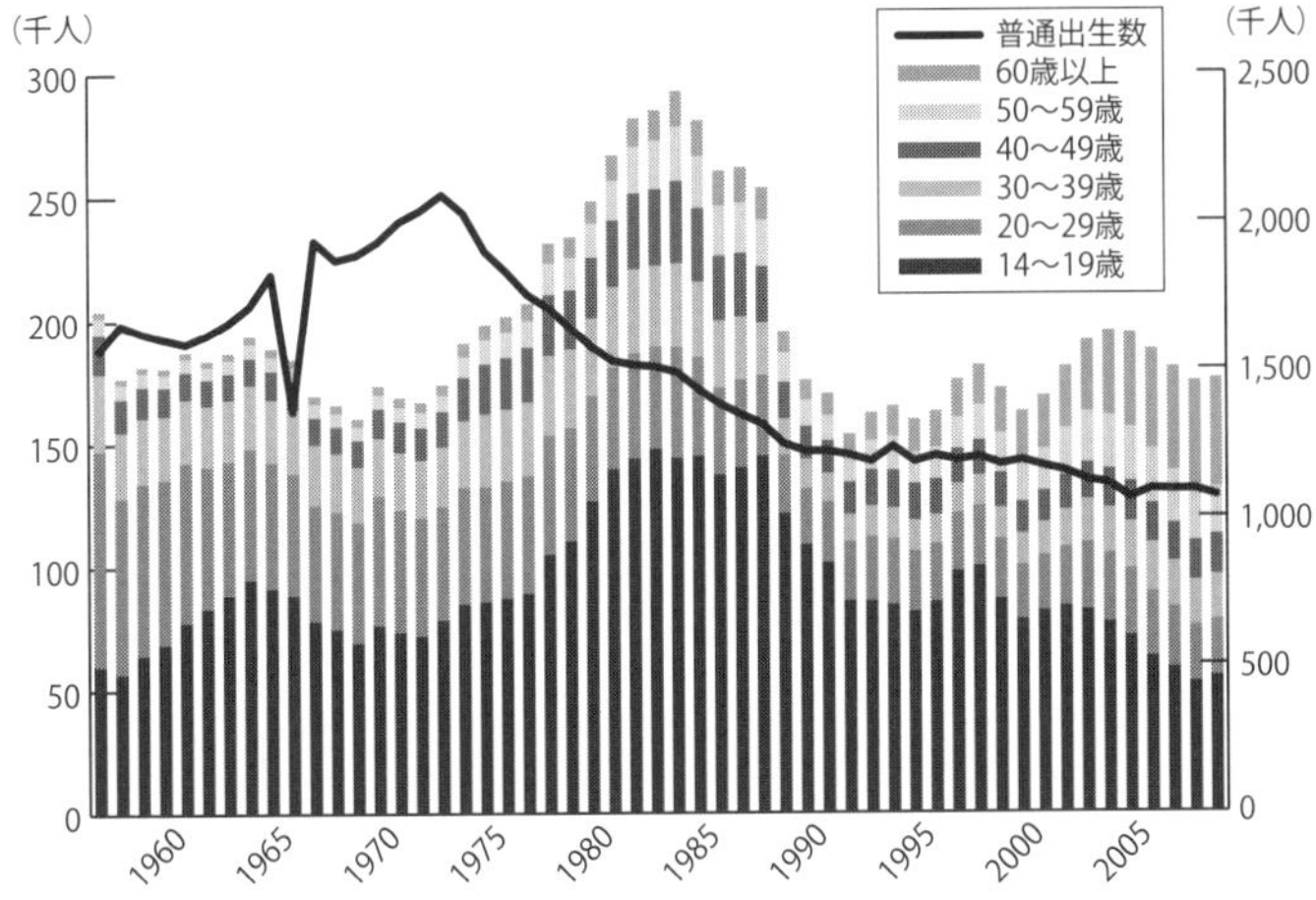

出典：警察庁および総務省の統計による。

減少しています（図1）。殺人は、1990年頃までに急激に減少したのですが、その最大の要因は若年層が人を殺さなくなったからです。これは単に少子化で若者人口が減っただけでなく、人口10万人当たりで見ても殺人で検挙される若者は大きく減少しています（図2）。

殺人の認知件数は未遂犯を含めているのですが、殺人の既遂犯に傷害致死も加えた統計である人口動態統計の「他殺」も大きく減少しています。他殺統計は、WHO（世界保健機関）の基準、つまり世界統一基準でとられている統計ですが、これを見ても日本において他人から暴力を加えられて死亡した人の数は着実に減少し続けています（図3）。他殺統計で見ると最近20年間で見ても他人から殺されるリスクは、半分以下になっていることがわかります。

どの国でも、犯罪の6割から8割は30代未満の若者が行います。つまり、社会が少子・高齢化するということは、犯罪リスクの高い年齢層の集団が減少していくことを意味します。出生率のグラフと窃盗の検挙人員のグラフとを重ねてみると、出生率の低下、つまり若者人口の減少に伴って検挙人員が減少しているのがわかります（図4）。出生率と犯罪には強い相関があるということです。若者の数が減るということは、犯罪を減少させる力が働くということです。

そこで多くの人たちが気になると思うのは、人口と比べた場合の犯罪発生率はどうなんだろうということでしょう。これもまた、注意が必要なマジックワードだと思いますが。

浜井　犯罪発生率は、言い方を代えると犯罪被害発生率なので、本当は犯罪被害調査を経年で実施しないとわからないはずのものです。犯罪白書は、当初認知件数を「犯罪発生件数」としていたこともあったそうですが、認知件数は発生件数と同じではないので認知件数に統一したようです。ただし、現在でも、認知件数を人口で割ったものを「犯罪発生率」と呼称することがあります。個人的には、調査統計ではない業務統計に対して発生率という言葉を使うことには問題があると考えています。

荻上　景気要因に左右されるか否かについてはどうでしょう。

浜井　景気の影響がまったくないとは考えにくいですが、日本の犯罪ではそれほど顕著にその影響が犯罪統計に現れるわけではありません。犯罪統計をマクロで見た場合、日本の犯罪で最も多いのは窃盗で、その中でも多いのは自転車盗なのですが、自転車盗が景気に影響されるとは考えにくいですよね。

景気の影響といえば、バブル経済の時期に窃盗の認知件数が減少して、バブルが崩壊すると増加に転じたということがあります。ただ、これも景気が犯罪動向に影響を与えただけでなく、景気が犯罪に対する対応の仕方に影響を与えたという部分もあると思います。万引きを取り上げてみると、万引きの認知件数は、被害側の届出行動によって左右されますよね。バブルの時期は、被害届を出すことのデメリットが大きかったのかもしれません。被害届を出すと、警察に行って事情を聞かれたりと、手続きが煩雑で時間がかかるといったことです。バブル経済の時期は、それよりも一つでもより多く売ったほうが効率がよいという発想があったとも考えられます。

景気は、警察を含めて人々の寛容さにも影響を与えるのではないでしょうか。不況になって売り上げが落ちてくると、少しでも損失を抑えたいという気持ちと同時に、万引きは「許せない」という気持ちがより強くなり、積極的に警察に突き出すようになったとも考えられます。

万引きといった経済的犯罪については、景気はデータ上に影響はあるでしょうね。取り締まる店側の要因も、貧困ゆえの犯行という要因も、さまざまに関わるでしょう。日本では、先ほどの犯罪被害者統計のように、統計が足りていないにもかかわらず、すでにデータがあるという思い込みもある。

たとえば「性犯罪者は再犯率が高い」というフレーズがひとり歩きしてしまいます。しかし、丁寧に「再犯率」がとられるという自体が、これまで行われてこなかったことですから、明確な根拠を引用することなく、イメージばかりが先行してきたわけです。ちなみに「再犯率」と「再犯者率」との違いは大事なので、また後ほど取り上げましょうか。

犯罪白書の作り方と読み方

荻上　手軽に読むことのできる犯罪統計は、警察白書と犯罪白書ですよね。この2つの白書は、まず管轄が違いますが、内容や役割もずいぶん違います。**警察白書**は、犯罪動向の傾向、警察活動の現状や課題について触れている。警察の立場から、ここに力を入れたいんだけど、法律上や予算上の制約がいろいろあるんですよとか書かれていて、暗に新しい権限や予算の要望も書かれている。

犯罪白書は、犯罪に至るようなクロス集計を散りばめながら、その年ごとの特集に力を入れている。最近ですと、再犯率が高い高齢者犯罪をどうするかとか、更生をどうするかといった具合です。

浜井　同じ白書といっても、警察白書と犯罪白書とではまったく性格が違います。犯罪白書は、法務省が作っているけれども、「法務」白書ではない。犯罪白書は、警察ではなく法務省が編集しているので、特集部分においては犯罪の捜査よりは犯罪者処遇に力点が置かれがちではあると思いますが、その時々の刑事政策の中からテーマを選んで、特別調査を実施してまとめていきます。少年非行の中でも強盗が問題となっているときなどは、すべての少年鑑別所において強盗罪で収容された少年を対象に調査を実施したりします。調査は、直接少年にアンケート調査を実施することもありますし、少年の記録をもとに職員に記入してもらう調査もあります。

他方、ルーティン部分は、犯罪や刑罰に関係するデータをすべての省庁から集約して分析するのが役割です。たとえば、薬物犯罪については、警察からだけでなく厚生労働省の麻薬取締部や海上保安庁のデータをすべて集約して記述しています。また、いわゆるワシントン条約関係の密輸などについても、財務省の税関からデータを収集しています。校内暴力やいじめなども非行現象の一つですが、これらのデータは文部科学省から収集しています。

法律上、犯罪は「構成要件に該当し、違法かつ有責な行為」と定義されていますが、ある特定の行為を犯罪だと定義し、処罰を規定している法律は、刑法以外にもたくさんあり、そうした法律はさまざまな省庁が所管しているので、関連するすべての省庁からデータを収集する必要があるのです。ただ、他省庁からデータをもらっている以上、それらのデータの取扱いは慎重に行う必要があります。犯罪白書は、法務省の法務総合研究所が編集しているのですが、研究所だからといってデータを自由に分析、評価することはできません。たとえば、警察庁から提供されたデータを使って、警察庁と異なる視点での評価をすることはできません。犯罪白書は、公表前に関係省庁のすべてに目を通してもらったうえで、閣議に報告され、公表されます。関係省庁が合意しない内容が白書に掲載されることはありません。

これに対して、警察白書は、警察活動の年間報告書であり、ある種の広報媒体です。したがって、そこに書かれている内容は、警察の所管事項に関することのみですし、カラー写真も

多く、警察が今何に力を入れているのか、マンパワーや予算についても報告されています。

荻上　広報を担うだけあって、警察白書のほうがビジュアルもかっこいい(笑)。

浜井　刑事政策が司法試験科目から外されて購買数の減少が懸念されたときに、より魅力的な犯罪白書にするために、少し薄くして、ビジュアルを入れたり、事例を紹介したりして読みやすいものにしようという話が出たこともありました。ただ、犯罪白書は国民に日本の犯罪と刑罰を含むその処理について報告するものであるから、常に同じ視点から作り続け、経年で比較可能なデータを提供し続けることが大きな役割の一つだということになり、現在に至っています。ルーティン部分は、同じ統計を掲載し続けないと従来との比較ができなくなってしまいます。

荻上　犯罪白書というのは、提言を目的としたというよりは、分析が主ですね。しかし、課題が分析されれば、当然、提言も求めたくなる。ただ更生などのテーマは、法務省だけで解決できるものではない。警察庁もそうですが、文科省や厚労省などとも幅広く連携しなくてはいけない。そうしたこともあって、あくまで分析に努めるという役割分担をしていたということになるでしょうか。

浜井　犯罪白書を作っている法務総合研究所は、中立的な立場で、犯罪情勢や犯罪対策、犯罪者処遇を専門的・科学的に分析して政策提言をするのが、そもそもの設立目的でした。しかし、組織には組織の論理があり、研究所といえども法務省という役所の一部で、そこで働いている研究官は法務省の官僚です。また、先ほど指摘したように省庁には縦割りがあり、法務省の研究官が他省庁の政策を批判することはできません。

だから、たとえば、2000年前後に暴力犯罪を中心に突然認知件数が増加した際にも、警察庁の通達等を見ながら、認知件数が増えたのは、桶川ストーカー事件（1999年に発生した、埼玉県桶川市で女子大生が元交際相手らにストーカーされたうえ殺害された事件）などを契機に、これまで警察が認知してこなかった犯罪を認知するようになったからだというのは、個人的には仮説として持っているわけですが、それを法務省に所属する研究官としては白書には書けないわけです。もちろん、警察庁がそのような分析を公表していれば別です。先にお話ししたように、犯罪白書は、印刷前の段階で関係する省庁に見てもらいますから、警察庁と異なる見解を白書の文章の中に書き入れれば、当然、警察庁から修正意見が付いて戻ってきます。

荻上　つまり、横断的だが、中立的ではない。

浜井　法務省の宣伝もしない代わりに、各省庁の主張に反することが掲載されることはないということです。

荻上　たとえば、厳罰路線が効果を上げたかどうかとか、個別政策の検証がなされるべきですが、各省チェックがある白書では、それは難しいということになりますね。

浜井　最近の例で言えば、治安の悪化や厳罰化を検証したうえで、厳罰政策によって刑務所が養護施設化してしまったことなどをきちんと指摘し、科学的に効果のある再犯防止策などを提言できればいいのですが、残念ながらそうはなっていません。

荻上　少なくとも白書は、アドバイス機能や検証機能を持ちえていない。政府による自己批判、あるいは省庁による政権批判になりそうな部分は避けられる、あるいは抑えられるということになる。

浜井　きちんと政策評価や批判のできる白書を作りたければ、それができるような機関、たとえば、会計検査院や人事院のような力を持った犯罪総合研究所のようなものを内閣官房の直轄あるいは内閣から独立して作る必要があると思います。そこが犯罪白書を作れば、ある程度は客観的政策評価や政策提言ができるかもしれません。とはいえ、そうなっても、内閣官房の幹部は警察庁など有力省庁からの出向者で占められているので、今よりはよくなるかもしれないという程度です。会計検査院や人事院が財務省の頭越しに自由にものが言えるのかといえば、難しいのと同じです。

一つポジティブな話をしておくと、最近では、『平成19年版犯罪白書』において、再犯者の実態と対策という特集が組まれ、検察庁が持っている犯歴データベースを活用して、約3割の再犯者が約6割の犯罪を引き起こしていることが明らかとなりました(図5)。これによって再犯防止策の重要性が再認識され、再犯防止に力点を入れる根拠となった例もあります。

とはいえ、省庁の意思決定としては、まず政策案がつくられ、後づけとして、それの根拠となる研究や統計資料の作成が研究機関に対して求められることが多いと思います。エビデンス

図5　総犯歴数別人員および犯歴件数の構成比

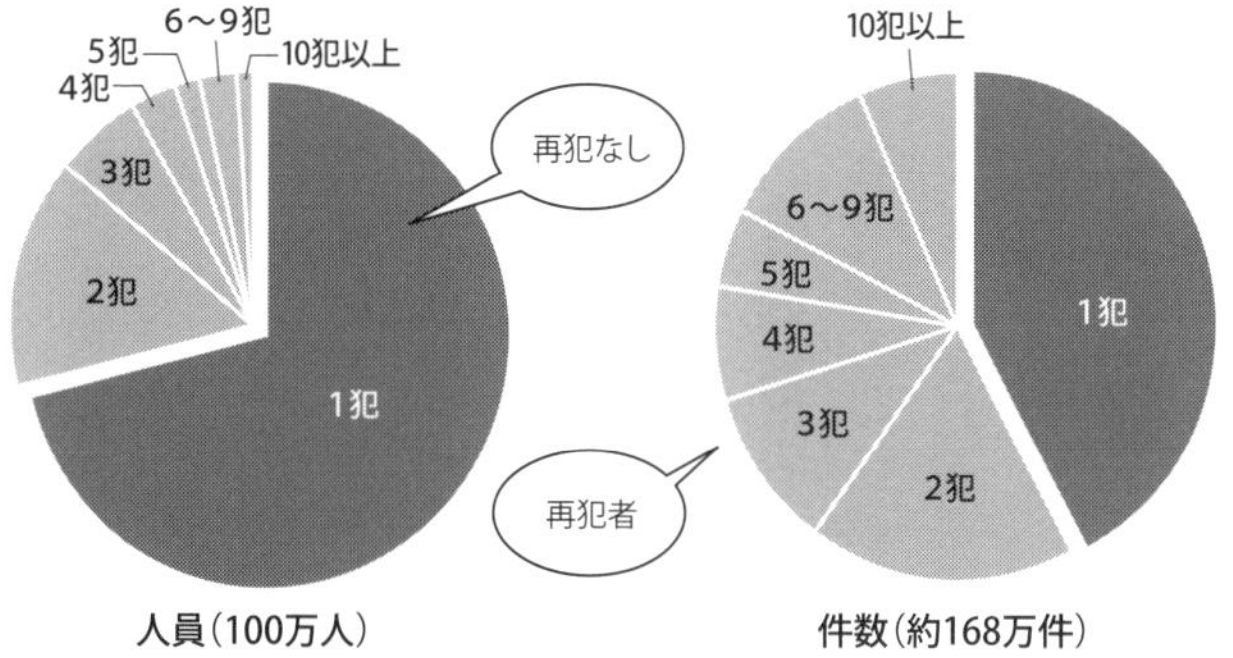

出典：平成19年版犯罪白書による。

が政府の政策を決定することは稀だと言わざるをえないかもしれません。だから、現在の日本でエビデンスに基づいた政策を展開したければ、まず、改革派といわれる人を中心に役所内部でしっかり根回しをして、ある程度政策に関して合意形成をしたうえでエビデンスを出すことで、そうした動きをサポートしていくというのが最も現実的な方法です。

その意味で、最近の犯罪白書はある程度うまくいっていると評価できるかもしれません。最近の犯罪白書は再犯防止政策の推進を強く後押ししています。皮肉なことは、そうした根回しができる背景には、法務総合研究所の研究官等は純粋な研究者ではなく本省各局からの出向者、つまり官僚で構成されているからできるという側面もあります。刑事政策の研究所としては警察庁の科学警察研究所、通称「科警研」がありますが、科警研の研究官は研究職として科警研に採用されているので、研究能力が高い反面、警察庁に対する発言力が弱いという弱点もあります。このあたりが難しいところです。

荻上　犯罪白書を読んでいると、背景解説が弱いなと感じます。簡素な文章にとどめているせいもありますが、たとえば、ある犯罪のタイプにはどういうプッシュ要因が働くのかとか、ジェンダーギャップや貧困率などがいかに関わっているのだろうかとか、あまり深くは書かれません。制約の中で、間違ったことを書かないようにという配慮かもしれませんし、参考にならないわけではないですが。

浜井　犯罪白書を読むコツは、文章を読まず、図表だけを読むことですね。私は、学生に犯罪白書を読ませるときには、いつも文章を読まずに、図表にあるデータ自体をじっくり見るように指示します。

私の経験上、データが削除されることはあっても、データが書き換えられることはありませんし、決裁段階で文章にかなり手が入りますが、図表に対しての修正指示は、統計の誤り以外にほとんどありません。図表をしっかりと読み解いた後で文章を読めば、まったく違った姿が見えてくるはずです。

ただ、海外制度の紹介部分は文章も役に立ちます。さまざまな政策を展開するときには必ず海外の実情を調査するのですが、ここにはまったく手が入らないので、これは貴重な資料だと思います。

白書を読まない政治家とメディア

荻上　まずは最低限、白書などで明らかにされたデータは政策に活かしてほしいとも思いますが、政治家はあまり白書を読んでいないですよね。記者が入手するよりはマシな、官僚の「ご説明」の資料を各委員会で読んだりしていますが、忙しさも手伝って、各白書を熟読する方は稀ですね。そもそもデータを頼りに読み解けない議員も多くて悩ましいですが、政治家は論拠に基づいた提言を加速させてほしいです。

浜井　犯罪白書の見本ができた時点で、国会の法務委員会の与党議員には、製本されたものと簡単な要旨を用意したうえで一応の説明はしていましたが、あまり読んではいただけていないかもしれませんね。犯罪対策は票になりませんし。いずれにしても、日本は省益あって国益なしとも言われますが、エビデンスに基づいた政策を展開するためには、それが各省庁の利益にならなくてはなりませんし、それが利益になることをきちんと根回ししなければなりません。逆にそれさえできれば、大胆な改革案を出すこともできると思います。私が犯罪白書を作っていたときも、法務省内で合意がとれるものについては、わりと大胆な調査や提言ができたこともあります。

荻上　犯罪白書が発表されるときは、法務省の記者クラブで会見をしますよね。浜井さんも参加されたことはありますか。

浜井　ありますよ。白書を作っている主要な担当者は参加することになっています。白書の記者レクは、通常、午前は、司法記者クラブのメンバーや社会部の記者に対して、午後は、論説委員、解説委員と言われる人たちに向けてやります。論説・解説委員といわれる人たちは、人にもよりますが、着任直後でない限り基礎知識があり、かなり白書を読み込んできているので鋭い質問をします。当時では、ＮＨＫの若林誠一解説委員なんかがその典型でした。しかし、一般的な記者さんたちは、あまり勉強してきていないので、わりと本質的ではない表面的な数字にごまかされやすい傾向がありますね。犯罪統計を読み解く素養、統計リテラシーを持っている新聞記者は極めて稀だったと思います。ほとんど法学部出身だからでしょうか……。

荻上　新聞を読み比べると、白書紹介記事だけでなく、論説や社説も含めて「勉強していないな」と思うことがけっこうあるように感じます。犯罪白書に限らず、白書が作られると、各省庁内にある記者クラブで会見が開かれますね。白書には「全体版」とは別に「概要」がありますが、さらにそれとは別に、会見当日に配布される「レクチャーペーパー」があります。各新聞記事を読み比べると、それしか読んでいないことがバレバレのものがたくさんあります。分厚い白書にもかかわらず、各紙見出しは概ね横並びなんですよね。

浜井　白書の場合の記者レク用のペーパーは、A4判で数ページですね。

荻上　しかもだいたいのペーパーは、どこが重要かというところをマーカーや下線、囲みや太字などで強調していますよね。

浜井　だから、各社同じような記事が出ることになります。

荻上　次の夕刊や朝刊に間に合わせたいので、時間がない記者はついそれを頼りに記事を書く。そうすると、結果として省庁が強調したいことの大本営発表になってしまうわけですね。ペーパーどころか、通信社の配信記事を参考にしたのかなというものさえある。記者会見を開く側に立った当時は、どう感じていましたか。

浜井　確かに勉強不足だなとよく思っていました。自分だったら、ここは質問するだろうと思うことも多々……。とにかくこちらが困るような鋭い質問が来ることは稀ですね。
どの省庁でも記者会見にあたっては、必ず想定問答集を作ります。作るときには、これを聞かれたら困るなという質問を含めてかなりマニアックな質問も入れて作りますが、そういう質問が出ることはほとんどありませんね。たとえば、1990年代から2000年代にかけて暴力犯罪の認知件数が急上昇したり、検挙率が急に下がった時期がありましたよね。特別に大きな社会変動がなかったにもかかわらず、認知件数や検挙率があれだけ大きな変化をすれば不自然だと思うのがジャーナリストの基本的な資質だと思います。

警察統計は業務統計なのですから、その統計の変化は、警察の業務方針の変化を一番に疑うのがジャーナリストの務めだと思います。とくに、記者クラブに所属する人の本当の役割は、役人の立場を理解したうえで、答えにくいだろうと思うことを質問することにあるはずです。担当者がちゃんと答えられるかどうかはわかりませんが、私が担当者だったら、少なくとも嘘はつけないので、認知件数が1年間で急激に上昇しているのは少し不自然なのですが本当に治安が悪化しているのですかと聞かれれば適当にはぐらかすしかなく、とても不自然な回答になると思います。

犯罪白書の記者レクでは白書そのものも事前に配っているわけですから、記者はしっかり読み込んで自分で仮説を持って質問するべきです。報道機関は現場も見ているはずですし、いろんな通達も知っているはずで、警察の犯罪の取扱い方が変わったことも知っていてしかるべきです。もし、それ自体を認識していなかったとすれば、ジャーナリストとしての資質の問題です。

記者クラブに所属している人は、役人と行動を共にしますし、一緒に酒も飲むので、ともすると同僚のような感覚になりがちです。そのほうが取材もしやすいのは確かです。ただ、だからこそ気をつけておかないといけない。役人と同じ視点で物事を見ていたのでは、役人と同じ目線で記事を書く「従軍記者」になりがちで、ジャーナリストとしての役割を果たすことができません。そこに日本の大手メディアの問題点があると思います。

荻上　むしろ、その想定問答集を読みたいですね。スピン(情報コントロール)の痕跡がみられるかもしれないし、逆に新聞記事よりも有意義な議題が書かれているかもしれない。

一方で記者の人たちは、良し悪しありますが、流行には敏感ですよね。たとえば最近、特殊詐欺のデータについて警察庁の発表がありました。いわゆる「振り込め詐欺」が、特殊詐欺の2割にすぎず、受け渡し、郵送、宅配によるものが大半を占めている。

この手の詐欺については、啓発が大事なので、同じ内容そのままを流すことも、メディアとしての一つの機能ではある。ただ、批評精神は重要で、「なぜ、そうなのか」という掘り下げがないんですよね。たとえばライターの鈴木大介さんによるルポルタージュでは、触法少年の実態や特殊詐欺の手口などが克明に記されていますが、新聞にその手の良質な取材が載るのは稀です。とはいえ、載らないわけではない。ちなみにテレビでは、ＮＨＫがこの手の取材は上手なんですよね。熱心に取り組んでいる記者の方がいますし。

銀行との連携が進み、監視カメラによる逮捕事例や、啓発シールの徹底が進められました。いくら、お金を引き出す「出し子」が、逮捕リスク、足切りリスクを織り込み済みの末端労働だとしても、逮捕されないに越したことはない。となれば、別の手段をメインにするのは当然で、今後は郵便事業主や宅配事業主と警察との連携をどうするのかは当然気になる。

ただ、特殊詐欺についての記事を見ても、そういう質問がなされた形跡が見つかりません。どうしてもメディアのルーティンワークの中で記事が作られるから、白書を分析した報道の意義は軽視されているのかもしれませんが。

メディアの分析力が弱い理由

浜井　おそらく大手新聞などのメディアでは、踏み込んだ記事を書くことを求められていないのではないでしょうか。だから、事前に犯罪白書そのものを読み込んだ質問がほとんどなく、質問の大半は記者レク用に作った短いペーパーの確認だけになってしまうんです。本当は、過去の白書の内容も把握したうえで、その比較の中で白書を読み込むと、従来の主張が突然変わっていたりするので、突っ込みどころ満載だったりするのですが、過去の白書の論調と対比などの質問はなく、どこが変わったんですかと取材対象に質問するようでは、ジャーナリストとしてどうなのかと思います。

おそらく記者は、この白書から何がわかるのかではなく、この記者レクからどんな記事が書けるのかというイメージを考えながら質問しているのだと思います。先に見出しを含めてイメージをつくったうえで、その確認のために質問をしているのです。記者クラブに所属する記者は、ジャーナリストというよりは、大手マスコミの社員なので、どんな記事なら上司のOKが得られそうか、無難な記事が書けるかということに思考が向かっているような気がします。本質が何かということを自分なりに考えるような記者の養成は、日本ではあまり行われていないのではないでしょうか。

それに関してもう一点、治安悪化と厳罰化が強く叫ばれていた1995年頃から2005年頃の間に取材を受けていて感じたことがあります。現場の記者が、私に取材をしたり頑張って勉強して、治安は実は悪化していないのではないか、警察の態度が被害者に寄り添うように変わったことが事件を掘り起こし、認知件数の変化につながっているのではないかといった記事を書いても、ある意味治安が悪化していると単純に信じているデスクの決裁で「こんな内容が今の読者に受け入れられないだろう」と却下されることがよくありました。当時は、取材に来た記者の方から申し訳なさそうな電話がかかってくることがよくありました。現場に出ていない上司がストーリーありきで記事を書かせ、ストーリーに合わない素材は無視する。こうした現象は、マスコミでも常態化していたのではないかという印象を持っています。同様のことは、テレビ局でもありましたね。ディレクターが取材にやって来て、私のコメントをとっていくのですが、プロデューサーの段階で削られることが頻繁にありました。

荻上　新聞社の場合、現場から遠くなったデスクの判断で記事が変えられたりすることはあります。テレビのほうは、たとえば情報番組ですと、制作会社に丸投げされて作られたVTRが、必ずしも「ジャーナリズム」を目的とされていないこともある。統計を読み込んで書いているのは、記者の一握りですよね。

ただ、このあたりは世代交代していくことで変わるかもしれない。たとえば毎日新聞の石戸諭記者は、犯罪統計などを読み解いたうえで記事を書いたり、ソーシャルメディア上のデータを活用して選挙報道を行ったり、紙面では書けないことをウェブで書いたりします。テレビもまた、データの使い方に対するツッコミが視聴者から来ることで、注意点が蓄積されていることもあるでしょう。もちろん、これらはレアケースで、大半はルーティンの中に埋没しがちですが。

浜井　毎日新聞の石戸さんは、私が法務省にいた当時も私のところによく電話をかけてきて、警察の認知件数隠しの記事を書いたりしていましたが、あんな記事を書いて警察との関係は大丈夫なのかなとこっちが心配することがよくありました。

現場を知らない上司の決裁といえば、かつて、検察庁の特捜部批判について「まずストーリーありき」の取調べが問題となりました。ターゲットを決めるとデスクに座っている特捜部長や副部長が思い描いたとおりの調書をとってくることを前線の検事に求め、前線の検事は、真実を追求するのではなく、あらかじめ用意された正解を求められる。それと同様に、新聞社では、デスクが考えているストーリーに従って記事を書かないとその記事は日の目を見ない。この構造が、結局、第一線の検事や記者の能力をすごく落としているのではないかと考えています。

記者会見には誰でも出席できるわけではなく、参加できる記者には特別な権利が付与されているわけです。つまりは、記者の力を鍛えること抜きには、国民の「知る権利」も、記者のマンパワーによって制約されるということになります。さらに、実際に新聞記者の方と話していても、正直、白書報道はそれほど社内でも重視されていないと言われます。

テレビ報道にしても、僕は「論」の力が弱いと感じています。VTRを作る能力とか、ワイプを抜く(テレビ番組などで画面の上下左右の端でスタジオのタレント等の顔の表情を小さな画面で表示させること)能力とか、番組を作る技術レベルは上がっているんですが、社会に対して何を伝えて、何をもたらしたいのか、それをオープンに議論する力は弱い。

僕はラジオ番組のパーソナリティをやっていますが、テレビはラジオと比べて、人員も予算も多く、大きなことができる一方で、制約が多い。数十万人を相手にするラジオと異なり、数百万、時には数千万人を相手にするテレビには、進行役としてのMCに求められる力も異なってくる。となれば、「看板力」がより求められるので、MCの中には、知名度があり進行が上手なものの、専門知に対するリスペクトがない人もいる。リアクション芸人であっても、オピニオンリーダーではないというケースは多いですね。ラジオのほうがいい、と言いたいのではありません。メディアによって、機能が異なってくるんですね。

メディアには、毎日大量のニュースが届きます。それを捌くための発明でもあるのですが、たとえばワイドショーでは、脇に記者や解説委員を置いて、フリップをめくらせる。MCはそれにリアクションしながら、フリップどおりに進行し、ゲストコメンテーターに振る。だから「論」の部分は記者やコメンテーターに頼ることになりますが、そもそもここでは、「論」の成熟が目指されているわけではないので、「空気」を確認しあうコメントで十分ということになります。

また、コメンテーターとして呼ばれる「専門家」の質もまた、適格とはいえない人を選んでくる場合もある。犯罪について言えば、適当な憶測でしゃべる元刑事の人とかですね。そもそも推定無罪の原則が適用されず、容疑者段階から犯人扱いして、群像劇として盛り上げ、そのうえで「世の中の劣化」を憂いてみせるというパターンのものが多い。

このこと自体を批判するというよりは、まずはメディアというのはそれぞれの仕事のフローがあり、制約がある。だから、それぞれを「そういうものなのだ」と理解したうえでつきあう、ということが求められるわけですね。ラジオはラジオで、やはりテレビよりは基礎体力が劣る。その分、「論」のほうに力を置く方向に偏りがちなわけですが。犯罪報道も、こういうメディアの「クセ」の枠にはめられているものです。

浜井　そうですね。メディアの性格を理解したうえで、情報を評価する目が視聴者に求められているのでしょうね。それから、先ほどの記者レクの話で言うと、レクチャーペーパーを見て、記者は「ここに書かれている現象は、初めて起きたことか」とか聞きたがりますね。つまり、「世界で初めて」、「日本で初めて」ということにすごく注目するわけです。ほかにも、「戦後最低」とか「最高」とかが大好きです……。

荻上　「最高報道」、「最低報道」は定番ですね。全体として犯罪は減少していると書いてあったとしても、その中で「とはいえ、これが最多」と書いてあると、そこだけが記事になったりする。昨今の犯罪白書の報道のパターンでもあります。

浜井　最近は、ほとんどすべての犯罪が減っているので悪化しているものを探すのは大変です。2013年の犯罪白書で言えば、増えていたのは高齢者の万引きぐらいだったので、それぐらいしか取り上げるものがなかったわけです。だから、ほかに何か悪化しているものはないかと探して見つけた**再犯者率**を**再犯率**と勘違いして、再犯者率の上昇をさも再犯率が悪化しているかのように報道してしまうのです。再犯者率と再犯率はまったくの別物です。

再犯者率は検挙人員に占める再犯者、つまり検挙歴のある人の割合にすぎません。初犯者の検挙人員が減れば、再犯者自体は減っていても再犯者率は上昇します。最近数年間はずっとそういう状態が続いています。

再犯者率が上昇したのは、初犯者が大きく減少した結果、相対的に再犯者の割合が上がったにすぎません。再犯者の検挙人員が減少している限り再犯者率を気にする必要はまったくないのです。犯罪は減っているのですから。

結局のところ、犯罪白書を作っていて思ったのは、悪いことはニュースになるが、良くなっていることはニュースにならないということです。認知件数がたった10年で半分になったのは、すごく画期的、かつちょっと異常なことだったのに、ほとんど報道されないですよね。

荻上　新聞で言えば、見出しで大きく「高齢者の再犯率が高まった」と書いてある記事の本文の中で、「なお、犯罪は減少傾向にある」と言うのは、バランスの悪さがありますよね。「再犯者率」の混同も相変わらず多い。以前、自分が主演した番組のリハーサル中に、両者を混同したVTRのプレビューが行われたので、本番直前に修正していただきました。スタッフは初めて両者の違いについて知ったようですが、おそらくテレビの制作現場では、こうしたやや専門的な話についてはそもそも知られていないと思います。一度知れば、個人単位ではその後は注意してくれると思うのですが。
メディアから得られる情報バイアスの問題で言えば、「何を報じて、何を報じないか」だけじゃなくて、情報量の違いによって、あるイメージを訂正する力や中和する力が非常に弱い。そのために、犯罪に対する認識に影響を与えていると思います。

犯罪報道の役割

浜井　新聞もテレビも、「悪くなっていること」を報じたがるのは、問題提起をするのがメディアの役割だからだ、とあるテレビ局のディレクターが言っていましたが……。そうやって問題提起をして不安ばかりを喚起することが、最近の不寛容な日本社会につながっているのではないでしょうか。
ちょっと前の食品に対する異物混入に対する報道や、それに対する市民の反応は少し異常だと思います。とくにネットの世界がそうですが、何か不正や失敗を見つけてみんなで袋叩きにする傾向がかなり強まっていると感じます。

荻上　確かにそれはありますね。ただ、記事の印象により現状把握が歪められると、いい議論にはならない。だから僕は、メディアは実態や問題を報じるだけではなく、できる場合は処方箋も報じるべきだと考えています。ダメ出しだけでなく、ポジティブ(積極的)に提案をしようということで、「ポジ出しを」と呼びかけています。

震災報道を考えると、災害発生直後には、各社エース級の記者を投入して、そのとき何が起こっているかを報じる。そして時間が経つと、復興の状況を報じる。瞬発力から持久力が問われるようになる。最初はマクロで、センセーショナルな報道もするけれど、その後は特定の日には、防災を呼びかける報道に力を入れるなどする。こうしたサイクルは重要だと思います。

一方で、たとえば教育の問題や犯罪の問題について言えば、こうしたサイクルが鈍い。いじめや犯罪についても、何が起こっているかについてセンセーショナルな報道をするんですが、対策の成功事例、更生した事例の報道は少ない。災害報道のサイクルで言えば、発災時だけ煽り、復興や防災の報道がまったくない、というような状況なんですね。報道機関の構造として、記者クラブで受け取った情報が他の部局にわたっていかないということもあるかと思います。そういう意味では、犯罪報道は未熟な段階にあるのかなと思います。

たとえば自殺報道に関しては、自殺をセンセーショナルに扱わないなどの注意点をまとめたWHOのガイドライン(2008年)がありますね。でも、それを丁寧に実践しているのは、NHKの教育テレビ(Eテレ)くらい。あとの放送局では、やるときとやらないときが担当者によって違うような状態です。基本的には、やっていないことのほうが多いですが……。犯罪報道についても、メディアの役割というのは、問題を伝えるだけでなく、問題解決のための役割も果たすべきだと思います。

浜井　科学警察研究所の島田貴仁さんらによる、どういう情報提供や警告の仕方をすると人の行動を変容させることができるのかという実験調査の結果があります。島田さんらは、女子大生を対象に痴漢に関する防犯情報の提示の仕方と実際の行動変容との関係を実験的に調査しました（「防護動機理論に基づく女子大生に対する介入実験」第48回日本犯罪心理学会大会報告〔2010年9月18日〕）。

たとえば、防犯情報を提供する際に、痴漢がどのような時間にどういう状況で行われるかというようなデータを示しても、実際の行動はあまり変化しないと報告しています。また、事例を使ってセンセーショナルに痴漢被害がこんなに重大ですという問題意識を持たせるようなチラシを作っても、あまり効果はなかったそうです。他方、「こうすれば痴漢を防げます」という具体的な事例やテクニックに関する情報を与えると、その行動を試す人が出てくるとのことです。

基本的に、不安感を煽るだけでは、人の行動は変わらないということです。人の行動を変えたければ、具体的で、本人たちにもできるような行動の選択肢を提示することが必要だということです。これはすべてに言えると思います。

犯罪者の立ち直りでも、別な生き方が存在するという選択肢がないと人は更生できません。アメリカで一時流行った非行少年に対する処遇プログラムに、「スケアードストレイト」というプログラムがあります。このプログラムは、ある種の反面教師プログラムで、非行少年を刑務所に連れて行って、非行少年のなれの果てである受刑者と対面させます。このまま非行を続けていると将来行くことになる刑務所の生活を一時的に体験させると同時に、受刑者と対面させることで非行を続けることの危険性に気づかせようとするものです。

一見とても効果的なプログラムです。なにより、時間とお金がほとんどかかりません。このプログラムのドキュメンタリーがアカデミー賞をとったことがあるのですが、その映画を見ると、刑務所参観前には非行はかっこいいと言っていた少年たちが、刑務所参観の数時間後には顔を引きつらせてまじめに生活すると答えています。

しかし、実験をしてみると、このプログラムには再犯防止効果がないどころか、再犯を増加させてしまう危険性があることがわかりました。その理由は簡単です。このプログラムは、このまま非行を続けているととんでもないことになると少年たちの不安を喚起しているだけで、どうすれば立ち直ることができるのかをまったく示していません。立ち直るための選択肢がないのです。これでは効果があるはずがありません。

『スケアードストレイト!』(1978年)、そして続編の『ビヨンドスケアードストレイト』

(2011年)というドキュメンタリーですね。かなり話題になりました。テレビでもこのプログラムは取り上げられています。文字どおり、スケアード(怖がらせること)で叩き込む、というもの。私が見たことのある動画には、刑務所に入っていた母親が、プログラムを受けにきた娘と遭遇し、戸惑いながらも罵声を浴びせる、みたいなシーンがあったりと、緊迫する内容でした。あえて非行少年を罵ることで気づきを促すといった解説がついていましたが、むしろ自尊心を傷つけてしまうでしょう。

「スケアードストレイト」という言葉は、日本では主に、交通事故防止のため、事故体験の再現をスタントマンで実演して見せる、という文脈で使われています。どうすれば事故に遭わないか、といった運転技術の話に引きつける場合には、教習ビデオと同程度の効果はあるかもしれませんが、より広く犯罪に適応できるかは別ですね。技術指導で済む話と、複雑な要因やメンタルが関わる話を一緒に語れるだろうか、と。

痴漢の件で補足させていただくと、性犯罪の防止策を提示する際には、いわゆる「レイプ神話」に注意が必要です。「誘うような恰好をしていたのだろう」、「夜道を歩いていたからだろう」という誤った神話に基づき、責任を被害者に帰属させるセカンドレイプが社会に蔓延しています。

このように、個人の問題へと矮小化し、自己責任化するような言説がある中で、服装や出歩く時間などについての対処療法的な側面だけが強調されると、「それをしなかったから悪い」という言説につながる可能性もあります。ですから、効果的な注意喚起とともに、差別的な言説への抵抗という文脈も意識しながら丁寧に議論しなくてはなりません。

浜井　そういう側面は確かにありますね。いずれにしても、メディアの人たちも、問題を提起するためであったとしても、不安を喚起するだけではダメだということに気づくべきだと思います。

荻上　ええ。センセーショナリズムは楽ですが、視聴者・読者と共に育つという公共的役割を意識する必要がありますね。

浜井　そうですね。後でも話そうと思いますが、メディアの質と視聴者の質は、コインの表と裏の関係だと思います。賢いメディアが賢い視聴者を育てるのですが、同時に賢い視聴者が、賢いメディアを育てる側面もあります。

海外との比較で言うと、北欧諸国と日本との間で一番違うのは、受刑者が逃げたときの報道だと思います。北欧諸国の比較的オープンな刑事施設の場合は、受刑者は、外に働きに出たり、近くのスーパーに買い物にいったりすることも少なくありません。そして、何らかの理由で帰ってこないことはそこそこあるのですが、連続殺人犯でも逃げない限り、市民もメディアも過剰な反応をしません。

それは、刑務所の目的は社会復帰にあり、受刑者はいずれ社会に戻ってくる存在であることを多くの人が知識として共有しているからです。受刑者は、罪を犯して刑務所に入っているけれども、時期が来れば社会に戻ってきます。とくに、北欧は平均刑期が極めて短いからなおさらです。ノルウェーでは刑期のほとんどが3月未満です。

逃走は、ルール違反であり、懲罰の対象にはなりますし、刑務所としては責任を追及されるべきですが、逃げたのが組織犯罪のボスとか大量殺人犯のような特別に危険な人物でない限りそれだけの話です。

他方、日本では、受刑者が逃げ出すと、あたかもライオンが檻から逃げたかのような報道をする。日本人の頭の中には、受刑者は犯罪者で、犯罪者＝危険人物というのが刷り込まれている。たとえば日本のドラマでは、凶悪な犯罪者が警察に捕まったり、有罪判決を受けたりしたら、ドラマはそこで終わりです。遠山の金さんよろしく「これにて一件落着」となってしまう。日本では、刑罰を受けて刑務所に入るということは社会から排除されたということで、それで終わってしまうのです。そこから先はほとんどの人にとって完全にブラックボックスになっていて、社会に戻ってくるというイメージはありません。

北欧は、司法のさまざまな場面で市民が関与し、刑務所も社会に開かれているから、受刑者がいずれ社会に戻ってくるというイメージを持つ機会が多い。日本は、ようやく裁判員裁判が始まった程度で、市民の犯罪者に対するイメージは、先ほどのドラマや警察に密着した情報番組程度で、受刑者に対する正確なイメージがないますますべての受刑者が不気味な犯罪者になっている。受刑者の約3割は窃盗、その多くは少額の窃盗、3割弱は覚せい剤依存症による所持・自己使用、約1割が無銭飲食や無賃乗車を中心とする詐欺です。暴力犯罪者ではありません。さらに受刑者の4人に1人はIQ70未満で、万引きの高齢受刑者がどんどん増えていて、刑務所が福祉施設化している。そうした実態を多くの人は知りません。

以前、法務省が、帰る場所のない受刑者のために保護観察所の敷地内に直営の更生保護施設（刑務所を出た人たちが自立できるよう、一定の期間、保護・支援する施設）を作ろうとしたことがありましたが、京都や福岡では、保護観察所のある地域が小学校のある文教地域だと地域住民が反対運動を起こしたとマスコミが報道していました。小さな子どものいるところに犯罪者を連れてくるのかというのが、反対する人たちの主張です。受刑者＝不気味な犯罪者で不安なんでしょう。

しかし、こうした更生保護施設に帰ってくる受刑者のほとんどは、社会的孤立や生活苦から万引きや無銭飲食を繰り返している非暴力的な人であって、子どもを襲ったりしません。個人的には、自宅の隣に更生保護施設ができるより不特定多数の人が出入りする安売り量販店ができるほうが犯罪被害に遭うリスクは高いと思います。

受刑者はいつか社会に戻ってくるし、毎日、日本中の刑務所から刑期を終えて出所している人がいます。こちらには誰も関心を払わない。逃げた受刑者は処罰を受けるべきだし、逃がした刑務所は、本来果たすべき業務を果たせなかったのだから批判の対象になるのは当然です。しかし、地域社会に猛獣が逃げ出して社会が危険にさらされているといった不安を煽るだけの報道は、百害あって一利なしです。人々を不安にするようなニュースが視聴率を獲得できるのは確かだと思いますが、マスコミはもう少し社会全体のことを考えた報道を心がけるべきだと思います。

エビデンスとグランドセオリーなき政策の弊害

体感治安の意味

荻上　浜井さんは、芹沢一也さんとの共著で『犯罪不安社会――誰もが「不審者」?』(光文社新書・2006年)と題する本も書かれましたね。メディアや論客が、いかに実態と乖離した「犯罪多発社会」像を築き上げたかを丁寧に批判する良著です。

出版当時は、「**体感治安**」というタームが大きな問題となっていましたね。実際の犯罪が減少していても、体感治安が悪化しているという方向に議論が向けられることで、効果的な治安対策とはまた別のニーズが発生します。

他方で、たとえば警視庁の資料を見ていると、体感治安を改善する試みに関わるデータが出されている。街頭でのキャッチ（客引き）を減らすとか、監視カメラを設置するとかですね。これらで体感治安が改善すると、ひとまずの成果ということにされています。

そもそも、体感治安というのはどうやって計られているのでしょうか。

浜井　体感治安は、そもそも曖昧な概念ですが、専門家の間では「犯罪不安」という言い方をされることが多いのかもしれません。ただ、犯罪学や犯罪心理学の分野で研究対象となる犯罪不安にもさまざまなレベルがあります。日本の治安が悪化した、犯罪が増加しているといった漠然とした不安から、実際に自分や家族が犯罪被害に遭うかもしれないという不安まで、さまざまです。それ以外にも、ある特定の場所や地域に行くと恐怖で心拍数が上昇するなど、強い情緒を伴う不安もあります。
こうした具体的な不安は、心拍数や発汗などで調べることもできますが、一般的な犯罪不安は、質問紙を使って調べます。自宅近くの暗い夜道を一人で歩いていて犯罪に遭う心配をどのくらいしますかとか、日本の犯罪は増えていると思いますかといった聞き方で調べることが多いと思います。

内閣府が定期的に行っている世論調査では、犯罪が増えたと思いますか、減ったと思いますかと聞いたり、治安が悪い方向に向かっていると思いますか、それとも良い方向に向かっていると思いますか、という聞き方をしたりしています。後者の聞き方では、最近、治安が良い方向に向かっていると回答するものが多くなっていますが、前者の聞き方だと、2012年の段階でも80％の人が、犯罪が増えていると回答しています。

警察の立場から見ると、犯罪統計的なものを「客観治安」とすると、ここ10年、客観治安は改善しているにもかかわらず、体感治安が改善していないということになり、問題となるわけです。

荻上　それはなぜ問題なのでしょう。

浜井　警察の立場で考えれば、一般刑法犯の認知件数が10年間で半分以下に減少したにもかかわらず、その成果が市民に浸透していないということになります。

また、体感治安は人々の不安を意味するわけで、必要以上に不安を持つこと自体が社会にとっては望ましいことではないという考え方もできるかもしれません。不安を感じながら生きていくのは快適さを阻害します。

イギリスの警察は、治安を体感治安と客観治安とに分けて、体感治安を改善することも警察の仕事であるという議論を行っています。これは、体感治安が悪化することで、地域の人の行動が制限され、商店街や公園などに人が集まらなくなり、地域社会が衰退するという危機感があるからです。

その根底にあるのは、刑事司法の信頼という考え方かもしれません。つまり、警察は、地域社会から信頼されるものでなくてはならない。そして、体感治安はその信頼のバロメータの一つであるということです。

荻上　市民の安心感そのものというよりは、それをもたらす警察への信頼感ということですか。

浜井　というよりは、警察への信頼感が高まれば、地域への信頼感、つまり安心感が高まり、体感治安は改善されるだろうという一つの仮説ですね。

これは、私にとっても最近の研究対象の一つですが、英米には、Procedural Justice すなわち**「公正的正義」**という概念があります。それは、警察をはじめとする刑事司法に対する信頼感が高まると、人々が警察などの司法に協力的になり、治安が良くなるという仮説です。警察に対する信頼とは、警察の能力に対する信頼だけでなく、警察が私たちと同じ価値を共有し、その価値を守るために活動しているという信頼のことです。警察は一般市民を地位や人種で差別したりしないし、特定の権力のために動いたりもしない。そういう信頼です。

このProcedural Justiceでは、そうした警察に対する信頼感が高まってくると、警察の権力行使に対する正統性（legitimacy）が高まっていくと考えます。正統性が高まるということは、警察から何か指示されたときに、その指示に賛同していなかったり、指示の内容に納得できなかったりした場合でも、その指示に従うべきと考えるようになるということです。

つまり、警察に対する信頼が高まると、警察の法執行への正統性が高まり、それが体現しているところの価値、たとえば秩序を守るとか、刑事司法に積極的に協力していかなければならない、という態度が強化されるということです。

Procedural Justice は、欧米における司法のあるべきモデルであり、これからの民主的な刑事司法というのは、市民の上に立ち市民から畏怖される存在ではなく、市民と同じ目線で信頼される存在でなくてはならないという価値を具現化したモデルと考えることもできます。

その仮説に基づいて、イギリスでは、Procedural Justice を目指したさまざまな試みがなされているのです。たとえば、イギリスでは、Police.uk というウェブサイトが作られて、地域ごとに、誰々という警察官がこういう活動をしていますよと具体的に紹介したり、ある地域でどういう犯罪が起きて、どう解決したか、ということを掲載したりしています。情報提供をしっかりすることで、地域社会の中で警察の果たしている役割を理解してもらい、それによって信頼を醸成しようとしているのです。ある意味では、警察官が地域に暮らす人間であるという当たり前のことを示し、顔の見える警察を目指しているわけです。

言い方は悪いですが、警察官も受刑者と同様に顔のない不気味な存在という部分があります。日本でもそうですが、どの国でも、警察は犯罪者や市民からなめられたら仕事にならないと考えがちで、ある程度は市民から怖がられる存在であるべきという価値観がありました。そこからの脱却を目指したものと言えるかもしれません。信頼される警察の一環として体感治安、すなわち犯罪不安を軽減していくことも、警察の重要な役割と位置づけられているわけです。日本でもそういう考え方が一部取り入れられようとはしているのかもしれません。

荻上　今の仮説というのは、重要な内容を含む一方で、いくつかの問題をはらんでいますね。たとえば、市民の情念と警察の利害を結託させるというのが、一つのゴールイメージとして想定されているわけですが、そもそも本当に警察に対する信頼が損なわれているのだろうか、もしそうならそれは体感治安によって損なわれているのだろうか、そして体感治安を改善することで警察への信頼は回復できるのだろうか、という疑問が残ります。

また、信頼感といっても、市民が何か犯罪に巻き込まれれば警察に駆け込むという回路自体は変わらないわけですよね。警察と他の組織との競争は成立していませんから、あらかじめ選択肢は警察しかない。となれば、そもそも警察に求められる信頼とは、被害者からの相談に対する丁寧な対応、ジェンダーなどに配慮した取組み、取調べ手続きについての信頼感、さらにはその前提として、警察のリソース不足の解消であるとか、警察官同士のハラスメントの解消とかであって、それらと体感治安の改善とは根本的に違うもののように思えます。

それから、体感治安というのは、差別を容易に肯定してしまう装置になりますよね。路上喫煙とかキャッチがいることとか、そうしたことが体感治安の悪化につながっている。だから、そうした行為自体を迷惑行為として「犯罪化」、「非合法化」、「禁止・罰則化」していこうということが進んでいる。厳罰化とはまた別に、迷惑行為の排除というのが進んでいるわけです。

もちろん、「安心して町を歩ける」という信頼感、市民の幸福感が向上することは重要でしょう。しかし、市民の不信感が、実は相互への偏見に根差したものであるとすれば、結局は特定の対象への排除として機能してしまう。また、体感治安というものは、警察権力や捜査権の拡大とか、その裁量の拡大のために、都合よく使われる危険性がある。だからこそ、体感治安を改善することそのものをミッションとするのではなく、さまざまな業務改善を通じての向上が目指されなくてはいけないように思います。警察というのは、特定の人が考える迷惑行為を排除するための外注組織ではありませんから。

浜井　そうですね。体感治安を改善するために公園からホームレスを追放しようとか、小さな逸脱行為も許さず摘発といったゼロトレランス(徹底した不寛容)に走ったのでは本末転倒ですね。

また、日本の警察は、一方で体感治安を改善しようとしつつも、同時に「あなたも狙われている」といった犯罪に対する不安感を喚起して防犯意識を高めようとしています。

防犯意識の高い社会というのは、警戒心が強い社会ということで、自分の知らない人は不審者となり、他人を容易には信用しない社会を意味します。そうした社会では、自分たちと異なる人は異物になり、排除の対象となります。

防犯意識の向上と体感治安の悪化は表裏一体のもので、日本の警察は、一方で体感治安を改善しようとしつつ、一方で防犯意識を高めようとする矛盾に直面しているとも言えます。

Procedural Justice モデルは、市民社会と警察の関係性のモデルなので、こうしたイギリスの取組みを日本に導入するにあたっては、それが機能する文脈、つまり、日本の警察は市民社会とどのような関係にあるべきなのかという根本的な議論をする必要があるかもしれません。

私は同僚とともに2011年に刑事司法の信頼に関する調査をヨーロッパと協同して日本でも実施し、Procedural Justice モデルを検証してみましたが、日本では、警察に対する信頼の向上が警察による法執行の正統性を高めるところまでは確認できました。正統性と司法に対する積極的な協力や遵法精神とは関係がありませんでした。今のところ、日本では警察に対する信頼感が向上したからといって、人々の遵法行動には変化がないということで、日本における警察のあり方を考えるうえでも興味深い結果だと思っています。

「割れ窓理論」の限界

荻上

関連してうかがいたいのは、「**割れ窓理論**」についてです。体感治安の議論の際にしばしば言及されるこの理論ですが、複数の文脈から批判が寄せられていますね。

最初のもととなった論文（George L. Kelling & James Q. Wilson, *Broken Windows: The police and neighborhood safety*, 1982）――というか僕はあれ、エッセイだと思うのですけれども――には、「割れた窓を放置したら治安が悪くなるのだ」とは書かれていません。「割れた窓」というのはあくまで他の実験結果から借用した比喩であって、実際には、メンバーシップが弱い地域では犯罪がエスカレートするのではないかという仮説を、データではなくいくつかのエピソードをもとに述べたものです。

このエッセイの冒頭は、一つの実験結果の紹介から始まります。警察官が徒歩でパトロールするという試みは犯罪を減らすかという実験で、「犯罪は減らなかったが、体感治安は向上した」と述べられる。要は、地域や警察のことを信頼するようになると言っている。この文章はその後、「割れ窓」が何の比喩であるのかを明かします。それは「犯罪者ではなく」、「乞食、酔っ払い、麻薬常用者、乱暴なティーンエイジャー、売春婦、ぶらぶら暮らす者、精神異常者など」と記されている。こうした「よそ者」に「地元の人」が怯えると、多くの人が外出を控え、そのことが犯罪を誘発しかねない。そうならないよう、地元の人たちが当事者意識をもって連携し、こうした存在を放置するべきでないのだと主張しています。そこで肯定的に取り上げられるのが、「ガーディアンエンジェルス」、つまりは都市型の自警団ですね。

このモデルを模倣して、日本のいくつかの地域でも同様の自警組織が構築されました。座り込む若者、店頭の外側に陳列された商品、路上でのキャッチ。こうした存在に対してモラル的に介入する。これらのアクションは、利那的な抑止効果を持つかもしれない。しかし他方で、法的根拠はないけれども、多くの人がその存在を迷惑だと思っている対象を、社会から排除していくことにもつながる。

割れ窓理論は、今やとてもメジャーな豆知識となりました。ニューヨーク市の当時のジュリアーニ市長の試みによって、エビデンスのある理論なんだ、というようにも語られてきた。ただこの理論は、そもそも出発点として、あくまで「体感治安」というものが重視されたもので、出発点から「客観治安」に関する効果検証がなく、さらには社会的排除に活用される危険性の強いものだったわけです。今ではさらに、監視化の根拠にもなっていますね。

こうした、社会的排除の流れを浜井さんはどうお感じでしょうか。それから、割れ窓理論というのは、現在の犯罪学ではどういう位置づけになっているのでしょうか。

浜井　数年前に、アメリカ犯罪学会でその論文の著者の一人であるJ・Q・ウィルソンの追悼セッションが開かれました。故J・Q・ウィルソンについて、著名な犯罪学者の多くが、割れ窓理論については異論があるが、人間的には素晴らしい人だったと評していました。小さな逸脱行為も徹底的に取り締まることで殺人のような凶悪犯罪を含め多くの犯罪が防止できるという意味での割れ窓理論は、アメリカ犯罪学会では支持する人はあまりいないのではないでしょうか。

そもそも、「割れ窓理論」というのは、１９６０年代にスタンフォード大学で行った刑務所実験で有名な社会心理学者フィリップ・ジンバルドー(Phillip G. Zimbardo, *The Human Choice: Individuation, Reason, and Order Versus Deindividuation, Impulse, and Chaos*, 1969)が行った実験がもとになっています。その実験というのは、高級住宅地と貧困地域の二つの地域に自動車を放置してみて、その1週間後に自動車がどうなっているかということを調べる実験です。貧困な地域では、数日のうちに放置された車が車上狙いに遭うなど犯罪のターゲットとなりました。高級住宅街では、とくに何も起きませんでした。

ところが、その後、高級住宅地に置かれた自動車のあるパーツを一つ壊して放置してみる。一部分、窓を割ってみるとか、タイヤを一つ外してみたりする。すると、高級住宅地であっても、あれよあれよという間にどんどん車のパーツが盗まれていきました。観察用のビデオカメラの映像を見ていると、上品な外見のおばあちゃんが車の中に入って何かを盗っていく場面が録画されていたということです。

結論としては、放置された車が誰もケアしていない存在だと周囲から認知されると、高級住宅街であれ貧困地域であれ、同じように盗まれていくということです。そこから、割れ窓を放置するということは、その場所は誰からもケアされていないというメッセージを周囲に発することになり、それがその周辺地域を荒廃させ、ひいては犯罪を誘発すると考えられたわけです。これは、落書きなどには当てはまると思いますが、凶悪犯罪に当てはめるのは理論の適用範囲を逸脱しています

荻上　社会心理学の集合行動実験では、誰かがごみを拾い始めると、みんなが拾い始める。逆に誰かが特定の場所にごみを捨て始めると、一人、また一人と、みんなが捨てていくということは起こります。たとえば、サッカーのワールドカップ会場で、日本人がごみ拾いをしたことが讃えられたというニュースがありましたが、一方で花火大会などでは、ごみ箱が満杯になって溢れていても、「そこは捨てていい場所なのだ」と山積みにしていく者が後を絶たなくなる。これは単なる「民度」の話ではないんですよね。

浜井　ちょっとした逸脱行動は、どこでも起きうるわけです。たとえば、落書きを放置しておくと、そのまわりに落書きが広がっていくということはあると思います。

少年鑑別所でも、各居室にちょっとした落書きがあった場合、それを放置すると落書きがどんどん広がっていきます。それを防止するためには、小さな落書きに対してその都度きちんと対処していけば、落書きはなくなります。その範囲であれば、割れ窓理論は成立する。

でも、割れ窓理論で町をきれいにしたからといって、殺人までなくなるというのは飛躍があります。ニューヨークで脚光を浴びた割れ窓理論の最大の問題点は、割れ窓理論がその適用範囲を超えて使われていることです。

さらに、ニューヨーク市の施策は、割れ窓理論とゼロトレランスがセットになっていることに注意が必要です。割れ窓理論の本質は、誰かがケアしているとわかる場所は逸脱行動のターゲットになりにくいということで、小さな逸脱行動を徹底的に取り締まることではありません。

小さな逸脱行為を徹底的に取り締まる不寛容さは、ゼロトレランスという別物で、ニューヨークの事例では、ゼロトレランスを含めて割れ窓理論と言われているので、それは問題だと思います。割れ窓理論とゼロトレランスは、ケアと不寛容というように本質的にその方向性はまったく異なるものです。

割れ窓理論の成功例としては、東京ディズニーランドのごみを拾うキャストを挙げるべきでしょう。彼らは、単にディズニーランド内のごみを拾うだけでなく、それ自体を一つの接客パフォーマンスにして、ディズニーランド全体の文脈の中に溶かし込んでいる。そこにあるのは、ごみやごみを落とした人を排除するのではなく、ケアすることで、ごみを落としにくい状況をつくり出しているのです。これが割れ窓理論のあるべき応用例だと思います。割れ窓理論が排除の根拠に使われているとしたらジンバルドーも怒っているのではないでしょうか。

荻上　つまりは「マウス実験の誤解」のようなものなんですね。よく、「こういう物質をマウスに投与したら病気になった」という実験から、「だからその物質は有害であり、人も摂取してはいけない」という議論をする人がいます。しかし、そうした議論にはしばしば「量の概念」が不足しています。つまり、どのくらいの量を超えれば人間にも当てはまるのか、という視点ですね。

割れ窓理論も、窓の割れた車の比喩が、他の対象にどこまで拡大できるのかという疑問を持つべきなのが、あれもこれもと一般化されてしまった。もともとのエッセイが、工学的発想で環境整備を進めた結果、犯罪を減らせるという議論ではそもそもなく、モラルとコミュニティの強化の話になっているわけです。最初から、ホームレス排除の意図が記されていた、「取扱い注意」の議論だったわけですね。

割れ窓理論は、これまた心理学の「マズローの5段階欲求理論」並みに誤解が多く、それでいて汎用性が高い豆知識です。しかしそこには、理論的な矛盾もある。コミュニティ機能の強化といいつつ、結局は他者への不信を強化する論理であるためです。そもそも、排除と引き換えに凝集性を獲得したとして、そのコミュニティは長期的に継続するでしょうか。排除された者が犯罪に追いやられるリスクを高めるし、更生や包摂などの議論が行われない限りは再犯リスクも高めます。

ゼロトレランスに基づく対応を、権力によるのではなく、共同体によるピアプレッシャーによるという傾向は、治安維持というミッションに逆行します。地域の再生というミッションを掲げた当人たちにとって満足度は高いかもしれないけれども、効果があるのか疑問です。環境工学的な発想と、排除型の思想とを、分けて議論する必要があるでしょう。

浜井　割れ窓理論は、適用範囲を超えて、ニューヨーク市長や市警本部長の名声とともに事例で評価されてしまった。また、割れ窓理論本来の地域をケアするという視点が失われて、ゼロトレランスという不寛容な排除の視点が間違って強調されてしまったのが最大の悲劇だと言えます。割れ窓理論をきちんと実験的に検証した人は少なくて、実際に実験してみるとほとんど効果はなかったとする報告が、学会でも少なくありません。

荻上　アイデアが面白く効果がありそうだと独り歩きした。

浜井　どこかでうまくいったというエピソードがあると、それがまことしやかに広がっていく。単なるエピソードが既定の事実として使われていくわけです。

たとえば、街灯を青くすると人々の気持ちが落ち着いて犯罪が減少するという、青色防犯灯も同じ問題を抱えています。イギリスのグラスゴーという町で街灯を青くして犯罪が減ったのは、町の中心街を青くライトアップして、それが町全体の魅力を高め、人通りが増え、町をケアする人も増えたことによる可能性が大きいのに、街灯を青くしたからというエピソードだけが伝わってしまった。日本の町の薄暗い街灯に青は似合わないのに。

荻上　伝言ゲームみたいですね。スティーヴン・D・レヴィット＝スティーヴン・J・ダブナー『ヤバい経済学』（東洋経済新報社・2007年）でも、確かにジュリアーニ市政のニューヨーク市では犯罪が減ったが、その政策をとっていない他の町でも同様に犯罪が減っているから、ゼロトレランス政策は関係なかったんじゃないかと指摘されていましたね。

このような政策の効果検証のためには、疫学的な比較調査が必要です。違う地域で比較したり、同じ場所で時間的タイミングをずらして調査したり、対象を変えながら検証する必要がある。でも、政策担当している人たちは、ある政策を行った後、何かの変化が起きたとしたら、「その政策によって変化がもたらされた」と単純に直結させ、成功したパターンと語ってしまう。本当はたまたまかもしれないとか、別のものが効いたかもしれないとか、検討なく語るものには注意が必要です。

安心・安全な町づくりは何のため？

浜井　2002年をピークに認知件数が減少しているのは、認知件数の減少に数値目標が設定されたからです。街頭犯罪は、同種手口で繰り返される犯罪なので、防犯活動を強化すればある程度減るとは思いますが、極端な話をすれば、警察が事件を認知しないようにしたり、取締りを制限したりすると減少する数値でもあります。実際に、数値目標化したことで、10年間で認知件数は減り続け、ついに半分以下に減った。つまり、この10年間認知件数が減少し続けているので、事例だけで判断すれば、この間、どんな対策をとっても犯罪は減少したわけです。言い方を変えれば、何をやってもその効果で犯罪が減ったと主張できてしまうのです。

大阪府警での認知件数隠しの問題についても、地域の防犯パトロールの人たちは、自分たちが一生懸命やっていたから認知件数が減ったと思っていたのに、こんなごまかしがあって残念ですとコメントしていた。私は、防犯活動がまったく無意味だと言うつもりはありません。排除型ではない、非行少年を含め困っている人に声かけをするような活動には賛成です。ただ、防犯活動の効果を考える際には、たまたま認知件数が減少する時期に、防犯活動を強化していただけかもしれないということは常に頭に入れておく必要があります。体験的エピソードが、あたかもエビデンスのように語られ、そうした言説が積み重なっていっている構図に大きな問題があるように思います。

荻上　もちろん、事件でかき乱された地域社会が、修復的な試みとして、何かの活動に取り組むこと自体は間違いではないと思っています。防犯的な試みではなく、集団心理の緩和ケアのようなものとして、ですね。実際の効果としては、下手すれば「火の用心」程度の効果しかないかもしれませんし、インパクトの強い事故や犯罪であればあるほど、そもそも再発の可能性はもともと低いのですが。

ただ、事件や事故が起きたときに、その被害に遭った当事者同士がコミュニティを形成する場合と、何か犯罪が起きたわけではないが、迷惑行為をなんとなく排除していくために、地域の共同体が「排除の連帯」を行うことは別です。後者の場合、犯罪の抑止に関しては、むしろマイナスじゃないでしょうか。

浜井　そうですね。いずれにしても効果のある対策をとるには、ターゲットを正しく理解して、そのターゲットに効果のある対策をとらなくては意味がありません。たとえば、昨年、佐世保で起きた少年による殺人事件(高校1年生の女子が同級生を殺害)について、2004年に、やはり佐世保で起きた少年事件(小学6年生の女子が同級生を殺害)の後、佐世保市として「いのちの授業」に取り組んだのに、またこんなことが起こってしまい残念という報道もありました。「いのちの授業」がまったく意味のないものとは思いませんが、でも、この事件は「いのちの授業」によって防げた事件なのでしょうか。確かに人が殺されたのだから、命がないがしろにされたという事実はありますが、加害少年に命の教育をもっと徹底して行っていたら事件は防げたのでしょうか。もっと違う視点、問題のある個人や家庭に対して、学校や地域社会からのケアや養育の問題とか、そういう部分で何かできなかったのかという観点も重要だったのではないでしょうか。ここでも、犯罪をすべて個人のモラルの問題に還元して解決しようとする短絡的な思考が見え隠れしているような気がしてなりません。

荻上　「いのちの授業」というのは、事件が起こった6月を「いのちを見つめる強調月間」と定め、毎年行っているものですね。平和教育や道徳授業を受けるとか、郷土料理を食べるとか、観劇とか体感授業とか、そういう内容のものです。個別にはいい試みですが、防犯になるかと言えば、「みんなで集まってお祈りしました」というのとあまり変わらない。あくまで、傷ついた共同体の修復的な機能なのだと思えばいい。

浜井　そうですね。その試みが、事件の再発を防ぐという目的ではなく、事件をきっかけに被害者を忘れないようにみんなで命の大切さを考えましょうという目的で行われるのであれば、それはそれで意味のある活動だと思います。

別の事例ですが、最近、京都市と京都府警が協力して安心・安全な町づくりプロジェクトを展開しているそうです。なぜならば、2020年に東京オリンピックがあり、京都は国際観光都市として多くの観光客を迎え入れることになるだろう。そのときに、安心・安全な京都をアピールする必要がある。だから、京都市の認知件数をさらに下げていく必要があるが、そのために何ができるかということを、京都市と京都府警が共同で考えようということになったのだそうです。でも、具体的にどのような案が出るかというと、何メートルおきに防犯カメラを設置するかという話になりがちです。昨年、京都新聞からこの点についてコメントを求められました。

私は、警察が防犯カメラの設置を提案するのは、警察の果たすべき役割から考えて理解できなくはないと思います。ただし、京都市が警察の言うままに、防犯カメラの設置を促進していくことに合意していいのかという点には疑問を感じます。

警察には警察の立場がある。警察は犯罪を減らして、犯人を検挙するのが仕事です。防犯カメラが本当に防犯に効果があるかどうかに疑問はありますが、警察が検挙の一助として防犯カメラを一台でも多く設置したいという気持ちは理解できる。

しかし、京都市には、市として考えるべきことがあります。それは、防犯カメラがあちこちに設置されるような町づくりで本当にいいのかどうかということです。そもそも防犯カメラは景観を損ないます。防犯カメラは、ある意味、警戒心や猜疑心の象徴です。京都市には、景観を含めて、どのような街づくりをしたいのかに対するビジョンが求められていると思います。

先ほどの割れ窓理論のところでお話したように、割れ窓理論の本質は町をケアすることです。だから、東京ディズニーランドの取組みのように防犯カメラ以外に効果のある犯罪対策はいろいろあるはずです。街灯を明るくすれば犯罪は減ることは実証研究で証明されています。グラスゴーは青でしたが、京都という町にあった色のライトアップで町の魅力を増しながら防犯効果を高めることができるはずです。だから、京都新聞には、京都市は、防犯について単に警察のアドバイスに従うのではなく、もっと主体的に魅力ある町づくりとしての防犯というビジョンを持つべきだと思うというコメントを掲載してもらいました。

防犯カメラによって防犯意識が高まるという意見もありますが、防犯意識が高まるということは、他人への警戒心を高めていくことであり、知らない人を信用しない、という発想につながっていくわけです。防犯意識ばかりが高い町は、たとえ軽微な犯罪が減っても魅力的とは言えないのではないでしょうか。

荻上　基本的には、全員を潜在的犯罪者として見るということですからね。

浜井　あなたは狙われているという前提のもとに防犯意識を高めるということになるので、そうした防犯意識が高まるということは、不信感も高まっていくということです。副作用も大きいわけです。京都市が、防犯カメラの存在で防犯意識を喚起するということになれば、それは、お互いを信頼しないような町づくりの展開を意味することになりかねません。あちこちに防犯カメラが設置され、見張られている町並みが本当に外国からの観光客にとって魅力的なものになるのか。京都市にはどんな町づくりをしたいのか、という観点からのアイデアを持つことが必要だと思いますさらに、最近では、高齢者が加害者にも被害者にもなっていることが、大きな社会問題になっているわけですが、その背景にあるのは高齢者の孤立です。日本人のモラルには、「人に迷惑をかけずに生きていく」というのが根強く根底にある、これがいい面として表面化すると、たとえば、東日本大震災後に略奪が起きない、根気よくスーパーの前に列をつくって黙って並んでいるというような行動につながっていく。

では、なぜ孤立した人が万引きに走るかというと、社会的に孤立することで、「人に迷惑をかけてはいけない」という規範の力(監視)が弱まってくるということがあるのではないかと思います。

被害者になる場合も同じです。誰か相談できる人がいれば、心配してくれる人が周囲にいれば、振り込め詐欺の電話があっても止めてもらえる。加害者も同じです。心配してくれる人、止めてくれる人のいない人が加害者になるのです。

高齢者や知的障害者が、ただで海外旅行に行ける、現地からちょっとした荷物を運ぶだけと誘われて覚せい剤の密輸を手伝わされるケースが相次いでいましたが、これも、周囲に話し相手がいれば、「それは怪しい」と誰かが止めてくれるはずです。止めてくれる人がいない孤立した人が狙われるのです。

いわゆる「安心・安全な町づくり」では、防犯意識を高めていって、訪問犯罪に気をつけましょう、知らない人には応答しないようにしましょう、と警告する。すると、高齢者は電話には出ない、玄関には鍵をかけて外には出ない、そうなるとどんどん孤立します。

その結果、犯罪被害者や加害者になるリスクを軽減してくれるような機会も減っていくわけです。高齢者が電話にも出ない、玄関に鍵をかけて外に出ないような町づくりでいいのか、ということなんだと思うのです。

各省庁発の法案があるように、警察庁発の法案、地元警察が音頭をとる条例案がありますね。市区町村での条例の制定過程を時系列で追っていくと、地域の警察の幹部が、議会での質疑応答で出てきて発言する機会があり、条例の必要性を訴えたりしている。それに対して、議会においては大きな反論もないまま通っていくこともしばしばですね。

町づくりといえば、秋葉原のある千代田区のいわゆる「JKお散歩」（女子高生と一緒に買い物や食事ができるサービスによって対価を得る、いわゆるJKビジネスの一つ）の規制条例が話題になりましたね。これも多角的な問題です。単に「風紀」が問題になったわけではありません。千代田区としては、特定業種だけを「狙い撃ち」にしたわけではないというのが言い分です。地元住民の方からの苦情を受け、客引き行為そのものに新たなルールを設けたと。もちろん、JKビジネスサイドからすると「狙い撃ち」としか思えないでしょうが、「狙い撃ち」であるか否かはさておき、地元以外の場所から若い女性や男性客がやって来て社会問題化しているとなれば、「町づくり」の論理で「よそもの」に対応するのだという事例ですね。

一方で、JKの側を取材していると、彼女たち自身にもいろいろな言い分がある。そもそも「JKビジネス」と言っても、このビジネスには、実際には女子高生でない人が多く含まれています。「アンダー」でない、つまり18歳未満でない女性もいるし、18歳未満ではあるものの無職であるという子もいる。また、通信制や夜間の学校に通っていて、そもそも指定服がないが、制服っぽい衣装をドンキなどで買って「通勤」しているというケースもあります。僕が取材した中では、シングルマザーの子どもケースが多く、経済的な効率を求めて自分で検索してたどり着いたという子が目立ちました。

よく誤解されていますが、多くの女子は「裏オプ」、すなわち表メニューには記載されていない裏のオプション、とくに身体接触を伴うものは断っています。ただ、いくつかわいせつ事例が焦点化されると、「JKビジネス＝援助交際や性犯罪」といったイメージが定着していく。もともと積極的に擁護する者も少ないため、条例化だけでなく、警察の裁量で補導対象を広げていくことに対しても、違和感が表明されないままになっていきました。

JKたちは各自治体における「よそもの」であり、住民たちの要望によってその存在が排除される。一方で、その背景にある経済問題は不可視化されたままです。本当に犯罪を減らすためにも、町づくりのグランドビジョンが必要となるのでしょうが、個別事情に目を配りながら多角的に議論できる人が、地方議員の中にどれだけいるかが問われるでしょうね。

監視カメラ普及の背景

浜井　現在は、認知件数を含め犯罪は減っている時代なので、減らすために緊急に何かしなければならないというわけではない。その中で、安全な町をつくりたいというときには、どんな町で暮らしたいのか、どんな町で子育てをしたいのかという観点が必要だと思います。

防犯だけを考えるのであれば、公園で子どもを遊ばせなければ、子どもが公園で被害に遭うことはありません。極端なことを言えば、誰もが利用できるような公園自体をなくしてしまえば、公園での被害はなくなります。公園の遊具で事故が起きたときに遊具を撤去すればいいという発想と同じです。でも、そんな町で暮らしたいですかという話です。

荻上　この社会では、細部に宿った思想が全体を牽引しています。特定の「〇〇主義」といったグランドセオリーに基づき社会が設計されるというよりも、なんとなくで決められた個別政策群が、総体としての思想性を纏う。監視社会をつくろうという明確な意思はなく、ミクロな合理性をおのおのが求めていった結果として、監視化が進んでいく。監視社会が悪いのではありません。ただし、技術と権力に対する合意と制約が重要です。

監視カメラの機能については、犯行を未然に防ぐ抑止効果と、犯行後の捜査をスムーズにするための記録効果とがあります。凶悪犯罪の場合や突発的な犯罪には、抑止効果はあまり期待できない一方で、トレーサビリティのほうに期待が寄せられている。ただ、ここで議論がされていないのが、そこで収集された個人情報＝ログを、誰がどのような権限で、収集、閲覧、データベース化するのかということです。

今、警察が監視カメラの実験対象としているのは、そのシルエットや服装、行動・移動歴を記録して、問題行動を自動検出する機能です。同じ間隔（たとえば10メートル）で何度も往復している場合、同じ場所に何人かが集まっている場合、ずっと同じ場所でとどまっている場合などです。入力した問題行動を検出し、注意深く監視し、必要があれば、警察官がその場に姿を見せることによって抑止効果を高めるなどの活用が期待されている。いずれは、特定の身体特徴、服装、行動特徴を持った人を映像検索できるようになるでしょう。

迷子や失踪高齢者などを探せる。不審者に早期アプローチできる。指名手配者の捜索がスムーズになる。こうした期待を寄せる声もあるでしょう。他方でこうした技術は、「あらかじめ万人の行動が記録される社会」を求めます。

こうした監視カメラの活用について、実は日本では法的整備が不十分です。監視カメラに関する条例は、たとえば杉並区や市川市などの自治体では制定されていますが、国では結局作られていません。しかも現行の条例は、民間がカメラを設置する場合には役所に届け、問合せがあった場合には開示に応じましょうというルールになっている。あくまで、「民間が設置したカメラを公的機関が管理します」という方向での議論ですね。

他方で、警察や役所に集約されたカメラの録画情報からオプトアウト（離脱）するためにどうするかとか、何が録画されているのかを民間が開示請求できるのかとか、適切に管理されているのかをどのように市民に説明するのか、といった法整備が不十分です。「公的機関の監視活動を市民がチェックできるようにします」という方向のルールづくりが行き届いていない。

もともと監視カメラは、「軽犯罪対策」と「国家のテロ対策」という両極に牽引される仕方で設置拡大していきました。監視が強まると権力が肥大して、社会がビッグブラザー化されていくというような権力不信論だけでは、「適切な縛り」の議論が進みませんでした。一方で、民間規制の条例ばかりでは、「テロ対策のためには自由をある程度犠牲にしてもしょうがない」という論理のもとに、公的データの管理がスルーされたままになる。

浜井　それは、特定秘密保護法も同じですよね。保護した情報をどう取り扱うのか、いつ開示するのか、そういう政府の側を監視するシステムは、後回しにされています。

監視カメラについても、防犯だけでなく、何かあったときの検挙にも有効だからとりあえず設置しておこうとなりがちです。設置にお金はかかりますが、その後のメンテナンスをしなければ手間ひまがかからないので、防犯にせよ、安全対策にせよ、何か対策をとったというアリバイとしてもとても便利なのだと思います。世論調査の結果を見ても、多くの人が、悪いことをしていなければ自分には関係ないと、設置に積極的な人が多い。

ある意味、現在の都市生活において、監視カメラはあるのが当たり前になりつつあるのです。もっと言えば、犯罪が起きた際に、防犯カメラの映像が入手できない場合、警察だけでなく、マスコミまでもが、なんでその場所にカメラがなかったのか、という議論になりがちです。警察にとってカメラは捜査のために便利ですが、テレビにとっても犯罪現場の映像は視聴者の関心を引くための絶好の素材なのです。

最近は、監視カメラがあることではなく、ないことが問題視されるようになっているのです。私は、科学的エビデンスに基づいた犯罪対策や犯罪者処遇を訴えているので、弁護士会などのシンポジウムに、監視カメラの犯罪予防効果に関するエビデンスを話してほしいと頼まれることがよくあります。最初のうちは、エビデンス研究に基づいて監視カメラは駐車場での車対象の犯罪以外には防犯効果はないという話をしていたのですが、最近は、そうした議論にあまり意味はないのではないかと思うようになりました。

私は、日本社会は、そもそも監視カメラに親和性があるのではないかと疑っています。信頼研究で著名な社会心理学者の山岸俊男さんは、信頼には、相手の能力に対する信頼と、相手の意思・動機に対する信頼があると指摘しています。そして、相手の意思・動機に対する信頼についても、相手の人格や価値に対する信頼(他人が自分と同じ価値を共有している)によって同調行動が期待できる場合と、社会・集団の中に何らかの監視機能を持たせ、監視を前提として集団規範からの逸脱リスクを低減させることで同調行動が期待できる場合の2種類が存在すると指摘しています。山岸さんは、前者を信頼、後者を「安心」と呼んでいます(山岸俊男『安心社会から信頼社会へ――日本型システムの行方』中公新書・1999年)。

そのうえで、山岸さんは、日本社会の秩序は、前者の「信頼」ではなく、後者の「安心」によって維持されてきたが、最近は、家族・親族、地域社会、学校社会、会社といった社会や集団における「安心」機能、すなわち相互監視機能が低下し、安心社会が崩壊しつつあるのではないかと指摘しています。この失われた「安心」を補おうとしているのが監視カメラなのではないでしょうか。「安心」社会の崩壊から来る不安を軽減し、相互監視を代替する存在が監視カメラなのではないでしょうか。日本人の監視カメラ好きの背景要因の一つはここにあるのかもしれません。

そう考えると、監視カメラに防犯効果があるかどうかは人々の関心の本質ではありません。昨今、日本人が不寛容になったと言われています。しかし、山岸さんの指摘するとおり、他人の善意を信頼するという意味での、言い換えれば他人が自分と同じ価値を信じているという意味での信頼がそもそも日本社会の中に根づいていないとすれば、日本における個人が不寛容になったのではなく、相互監視と排除による「安心」機能が失われた結果、もともと潜在的に持っていた不寛容さが表に出てきただけなのかもしれません。だから、防犯効果にエビデンスがあろうとなかろうと、日本各地で監視カメラが増殖しつつあるのです。

話をエビデンス論に戻すと、エビデンス的には監視カメラよりも街頭を明るくしたほうが犯罪は減る可能性の高いことがわかっています。町づくりという観点から考えるのであれば、防犯カメラと街灯のどちらの副作用が少なくて、人々や町並みに優しいかということを考えるべきでしょう。監視カメラを設置するほうが、予算がかかりますし、人々の行動が監視されるわけですからプライバシーの問題もあります。

他方、街灯を明るくすることのほうが、デメリットは少ないですよね。街灯を明るくするほうが安価で、人々の生活に対する侵襲性も低く、なによりも防犯カメラよりもはるかに美しい町並みづくりに貢献できます。人々の生活にも地域社会にも優しい防犯対策ではないでしょうか。

ただ、警察の立場に立てば、監視カメラのほうがメリットがあります。犯罪が起きた際に、検挙に役立つと考えられているからです。他方、街灯を明るくするのは、警察の仕事ではなく自治体の仕事です。だから、先ほどの京都市の話で言えば、警察が監視カメラを設置したいと主張するのは当然のことです。しかし、街灯を明るくするほうが町づくりとしてもメリットが大きいことを、京都市としては主張すべきだろうと思います

ちなみに、イギリスの研究では、街灯を明るくすると、昼間の犯罪も減少しています。街灯を明るくすることで、町全体の往来が活発化して、町が活性化される。その結果、地域をケアする意識が高まる。その結果犯罪が減っていくのです。町を活性化することで犯罪を減らしていくわけです。こちらのほうがメリットは大きい。先ほども言ったように、京都市としては、

街灯を明るくするという観点から、どのような色で、どのようにライトアップすれば京都という町並みに合うのか、町が魅力的に見えるのかという議論をしたらいいのではないでしょうか。

荻上　省庁の利益、すなわち「省益」と、市民のニーズが必ずしも最適解のもとに合致しないことがあります。そうした中、エビデンスがない、プランがない、ロジックがない政策が独り歩きしてしまう。

警察は、監視カメラを設置している民間店舗などの地図を作り、必要に応じて「任意の協力」を求めていますね。中には、設置方法そのものを個別に助言するケースもあるし、カメラに補助金を出す自治体もあります。誰がどのようなログを取得したのかという管理は、これからの課題になるでしょう。

拙著『未来をつくる権利――社会問題を読み解く6つの講義』（NHKブックス・2014年）の中で紹介しましたが、公安がイスラム教徒の個人情報を収集し、それをP2Pソフトで流出させるという事件がありました。裁判の結果、損害賠償ということになりましたが、そのお金は都が払うことになる。つまりは市民の税金で、差別的でお粗末な監視行政の尻拭いをすることになったわけです。

イスラム教徒というだけで、公安にマークされ、アプローチされ、個人情報を収集されていたことが発覚したあの事件は、今後にも多くの疑念をもたらします。たとえば、これから監視カメラで異常行動が検出されるとして、「何をもって異常とするのか」という入力コードに差別性が入り込む可能性が考えられます。「肌が黒い人」とか「こういう服装」という仕方で、「イスラム教徒のような恰好」そのものを「マークすべき個人」と検出するような運用事例が出てくるかもしれない。裁判でも議論されましたが、そもそも警察が監視時点で偏見を前面化することで、他のあらゆる活動において無自覚に偏見を拡大する可能性も考えられる。監視技術の運用により、人種差別が促進されるという側面に注意が必要となります。

人権意識とか社会理念とかをきちんと共有していかないと、技術だけが暴走していくようなことになりかねない。それればかりか、偏見を抱く一部の人の「安心」を満たすため、社会への信頼をむしろ損なわせることにもなります。２０２０年オリンピックに向けて、監視化を強めた結果、差別的な監視が横行しました、ということにだってなりかねないわけです。

浜井　そもそもこうした問題に対しては市民がもっと関心を持つべきですが、まずは市町村などの地方自治体が協力するときには、住民の代表として、防犯以外の側面からの検討が重要だと思います。どうも日本では、何でもかんでも縦割りなので、防犯となると警察任せで、防犯や差別防止を含めたトータルな町づくりという観点が不足しているように思えます。

荻上　そもそも、その「住民」にも、外国人が含まれるはずです。

浜井　どういう行動が検出されたときに、それを異常または不審な行動と捉えるのかということも市民目線が必要ですよね。警察にとっては、認知件数が減って、検挙率が上がればいいので、できるだけ事件数が減ったほうがいい、犯罪リスクが減ったほうがいいということで、監視対象を拡大していきがちです。最近は、防犯や安心・安全と言われると、みんな思考停止してしまう。防犯＝警察の仕事と思考停止するのではなく、みんなで考えるべきだと思います。

「厳罰化」言説はどこから

荻上　例外的な事件により、悲しい物語が生まれ、それがメディアで拡散されたとき、「不幸な事例を繰り返すな」と盛り上がり、立法化などにつながる。こうしたケースはさまざまなテーマで起こります。こうした「トラウマ型立法」には良し悪しがあります。

たとえば、児童虐待で子どもが亡くなってしまった事件を受け、そもそも児童虐待全体に対する十分な対処ができていないことが見直されるなど、「氷山の一角」への慎重な対応というのは必要となる。一方で、「氷山の一角」ではないような例外的事例についても、同様の盛り上がりを見せてしまうことがある。10年に1度起きるか否かの猟奇的事件や通り魔のようなケースを受けて、「町づくり」の議論が大きく左右されるようなケースですね。

「トラウマ型立法」の著しいケースは、厳罰化をめぐる議論です。最近の話で言えば、道路交通法の改正の中で、厳罰化が進みました。そこでは、てんかんなど特定の病名を指定したことが問題となりました。てんかん患者が事故を起こしたことが連続で取り上げられたことへの対応ですが、就業の問題など、患者への差別的待遇が強まることを懸念しています。てんかん協会などから意見書が出ていますが、事故率に影響する病気はほかにもある一方で、てんかん患者の事故率が著しく高いわけではないという指摘があるにもかかわらず、差別や排除を加速させるような議論でした。

病気と差別の関連で言えば、被告人に対して、社会に出てきても受入れ先がないという理由で、判決の量刑が求刑よりも重くなったというケースがありました（大阪地裁2012年7月30日判決）。社会の側に居場所がないというのであれば、福祉政策などによって、社会からの排除と犯罪への引力を遠ざけていくということが必要です。しかし、司法の理屈だけからは、そういう議論はなされない。

厳罰化を求める人たちにとっては、「加害者の人権ばかりが強調されて、被害者の感情がおろそかになってきたではないか」というカウンター意識が強いですね。そもそも加害者の人権がそれほど守られてきたのかすら疑問ですが、被害者やその家族のケアが重要であることは間違いありません。

ところで、そもそも「厳罰化」とは何か。一言で言えば、「刑期を延ばすこと」にほかなりません。刑期を延ばすと、その分、刑罰にかかる費用が増していくことになる。つまり厳罰化は、刑罰予算の拡大を求めることです。では、その予算拡大でいかなる効果が出るのかを見る必要があります。

また、厳罰化によって刑務所にいる期間が長期化すると、加害者となった人物が社会から離れている期間がより長くなるため、社会復帰がより難しくなります。となれば、犯罪の種類によってはむしろ、再犯率を上げる可能性もあります。もし、刑期を延ばすコストを、別の予防への投資、あるいは更生への投資につなげられればどうなるか。こうした議論は出てきているのでしょうか。

浜井　「トラウマ型立法」というのは言い得て妙ですね。この点については、私も常々問題だと感じていたので後でまた触れたいと思います。その前に最近の刑事政策の変化をおさらいしておきましょう。

再犯防止は、最近の刑事政策の中心的課題です。厳罰化一本槍の政策が、再犯率を低下させることができないばかりか、刑務所を高齢者や障害者で過剰収容に陥らせた反省から、経済的効率性の観点も含めて刑事政策自体も少しずつ変わってきているとは思います。

小泉内閣のときにつくられたものに犯罪対策閣僚会議という会議があります。この会議がつくられた当時は、治安が悪化したと政府全体が信じていたので、政府一丸となって治安対策をしようというのが目的でした。犯罪対策というのは、警察や法務省だけの問題ではなくて、全省庁で取り組むべき課題だということです。犯罪対策は、警察による検挙や取締り、法務・検察や裁判所の刑罰だけでどうにかなる問題ではない。この発想自体は間違っていません。

ただ、この会議の前提となったのが治安悪化で、2003年に発表された犯罪対策閣僚会議の報告書『犯罪に強い社会の実現のための行動計画――「世界一安全な国、日本」の復活を目指して』の冒頭に「今、治安は危険水域にある」と書かれていました。そもそも、事実認識が現実と大きくずれていた。前に話したように、政府の行う調査や政府の主催する審議会や研究会の多くは、最初からストーリーがつくられています。犯罪被害者支援について会議体をつくって審議するということは、犯罪被害者支援に予算をつけて実施することはほぼ決まっているわけですし、対策の骨子も事務局案として概ねその方向性は固まっています。そこをスタート地点として議論が始まるわけです。ですから、会議体を発足させるきっかけとなった前提そのものが議論の対象となることは極めて稀です。最近の法制審議会はその最たるものですが、議論の前提が間違っていたのでは正しい答えに行き着くことはできません。

たとえば、2006年に法制審議会の中に刑務所の過剰収容対策のための「被収容人員適正化方策に関する部会」がつくられました。議論の前提は、治安が悪化して犯罪が増えたから過剰収容が起きた。これをなんとかしようということです。

しかし、過剰収容は、厳罰化政策によって公判請求人員が増え、刑期が長期化したから起きたのであって、治安が悪化したからではありません。つまり、部会をつくるための問題提起そのものに事実誤認があったのです。検察庁が厳罰化を緩め始めたのが2006年頃からなので、実は、部会が発足した時点から過剰収容は徐々に緩和に向かっていたのです。部会が答申を出す前に問題は解決していたのです。

だから、部会は、途中で目標を失ってなんとも中途半端な答申を出して刑事政策を混乱させてしまいました。2003年の犯罪対策閣僚会議も同じで、実際は治安が悪化していない状態で治安が悪化しているという前提を立てて議論したわけですから、議論はおかしな方向に進みます。まず、治安が悪化したとした以上、その原因を特定しなければなりません。当時、想定されていた犯罪者は、私たちとは異質な存在、不気味な外からの侵入者です。そこでターゲットとなったのが、少年と外国人です。

しかし、当時、少子化が進行する中で、非行少年は減少していました。外国人についても、外国人による犯罪の検挙件数は全検挙件数の4％程度に過ぎませんでした。つまり、全外国人を日本から追い出したところで、全検挙件数の4％しか減らないということです。

そもそも実態のない治安悪化を掲げてしまったので、原因としてみんなが共感してくれそうなターゲットを選ばざるをえなかった。そこで、得体の知れない犯罪者の代表として、少年と外国人が挙げられたわけですね。

まあ、少年犯罪については、神戸の連続児童殺傷事件等が世間を騒がせていましたし、もともと日本では外国人による犯罪が極端に少なかったので、バブル経済崩壊後、グラフで見ると外国人犯罪の増加が顕著であったのは確かなので、変質する少年や異質な外国人が治安悪化の元凶というのはマスコミを中心に多くの人にとっても納得できる話だったのかもしれません。

そして、2003年の犯罪対策閣僚会議で掲げられた対策が、跳梁跋扈する犯罪者を水際で食い止め日本社会から排除すること、国民一人ひとりが防犯意識を高め、自分の身は自分で守るということでした。つまり、このとき想定されていた犯罪者は、私たちとは異質な存在、外からやって来る得体の知れない侵入者であり、彼らを私たちの社会から排除することで、安全を守ろうとするという発想だったわけです。

ところが、5年後の2008年の犯罪対策閣僚会議になると、「犯罪者を生み出さない社会をつくる」という方向に大きく転換するわけです。犯罪者というのは、外から侵入してくるのではなく、私たちの中から生まれてくる。だから、私たちの誰かを犯罪者にしない社会、間違って誰かが犯罪者になってしまった場合には、彼らが社会の中で立ち直ることができるような仕組みをつくろうということに切り替わりました。ほとんど180度近い方向転換だと思います。

このきっかけをつくったのが2003年に出版された山本譲司さんの『獄窓記』(ポプラ社、後に新潮文庫)です。この本の中で、山本さんは、刑務所に高齢であったり障害を持っていたりする受刑者が多数収容されている事実を、自らの受刑体験とともに臨場感いっぱいに表現しました。自分で下の世話もできない受刑者が、犯罪者として刑務所の中で生活している。普通の市民が想像する刑務所とはかけ離れた世界がそこにはありました。この本がベストセラーとなったことが、マスコミや知識人などが刑務所問題に関心を持つ大きなきっかけとなったのだと思います。

そして、リーマンショックが起きました。格差社会が大きな社会問題となり始めました。こうした流れの中で、犯罪白書も悪夢から覚め、徐々に治安悪化特集から再犯分析へと方向転換を図りました。その結果、約3割弱の再犯者が犯罪全体の6割を担っていることが明らかとなり、再犯防止に勢いがつきました。存在しない幻の凶悪犯に立ち向かうのではなく、まず刑務所の中の受刑者たちに目を向け始めたわけです。

ただ、2008年のこうした方向転換に際して、2003年の報告に間違いがあったことへの総括はなされないままだったのが、いかにもお役所らしいところです。総括すると誰かが責任をとらなくてはいけなくなるので、役所は過去の政策について総括はしないのです。

治安悪化は外国人犯罪増加による?

かつて、石原慎太郎都知事(当時)の「三国人発言」がありました(2008年)。石原氏の発言は、「今日の東京を見ますと、不法入国した多くの三国人・外国人が非常に凶悪な犯罪を繰り

図6　一般刑法犯の検挙件数・検挙人員の推移

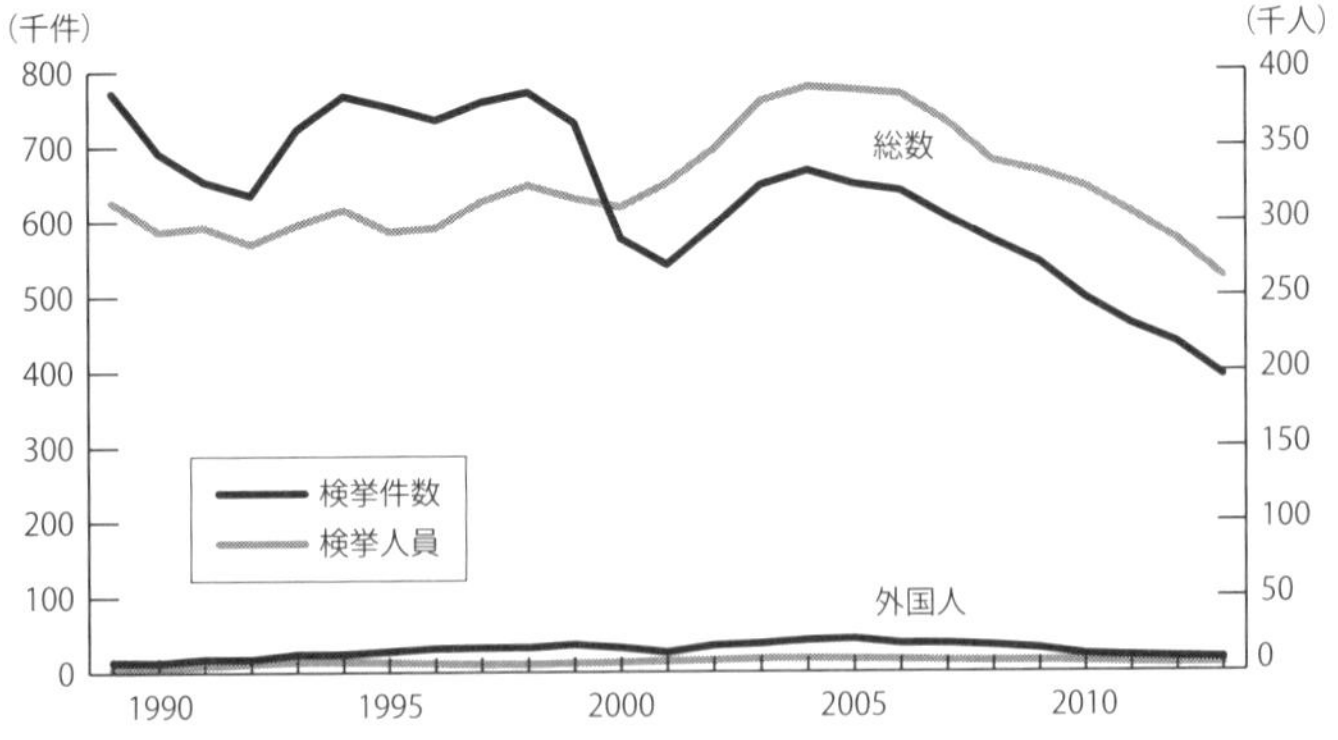

出典：警察庁の統計による。

返している。もはや東京の犯罪のかたちは過去と違ってきた。こういう状況で、すごく大きな災害が起きた時には大きな騒擾事件すら想定される」というものです。この発言は、「三国人という言葉が差別的か否か」も注目されましたが、エビデンスベースドで考えると、他にも重要な議論がいくつもあります。

まず、浜井さんの指摘にもあったように、実際の統計を見ると、外国人犯罪が占める割合というのは、検挙件数ベースで4％、検挙人員ベースで2％程度を推移しています（**図6**）。飯田泰之との共著『夜の経済学』（扶桑社・2013年）に書きましたが、僕は以前、「外国人犯罪が全体の犯罪のどれくらいの割合だと思いますか」と尋ねるアンケートを行ったことがあります。そうすると、20％くらいあると考えている人が最多でした。これでは、犯罪の5分の1が外国人によるものだと信じているということになってしまいます。メディアバイアスやゼノフォビアも手伝ってか、実際以上に誇張された「外国人犯罪」イメージがあるわけですね。

それから、「三国人」発言の中の「不法入国」という言葉も気になります。ビザ切れなどの「不法滞在」ではなく、「不法入国」した外国人の犯罪となれば、先の外国人犯罪統計のうち、さらにごく少数となります。なぜそのような例外的なケースを、短い挨拶文の中でことさらに強調したのかという疑問も残ります。

なお、「不法滞在」を行う外国人については、居場所があるから日本で働き続けたい、元の国に雇用がないなど複合的な理由がありますが、日本の出入国管理法では、そうした外国人に「退去命令を出すことができる」と記されている。他方で、法務大臣の裁量で「退去命令を取り消して、在留許可を出すことができる」とも書かれている。このあたりは誤解されがちで、多くの人は「不法滞在者を強制退去しなくてはならない」と書かれていると思っています。そうした中、「不法滞在」に至る前に在留資格を拡張しようといった議論もあるのですが、不法滞在は直ちに排除されなくてはならないという議論が目立つ状況にあります。

そしてなにより、「大災害時の騒擾事件」と聞けば、流言に基づいて多くの私刑（リンチ）が繰り広げられた、関東大震災下の朝鮮人虐殺が連想されます。関東大震災では、警察や行政もまた、流言の拡大に加担しています。となれば、ゼノフォビアに基づき、統計的事実とは異なるリアリティを持つ者が、自衛隊の駐屯地でこうした挨拶を行うこと自体が、非常時の排外行動を加速させるのではないかという懸念も必要となる。このように「三国人」発言は、その言葉選びとはまた別に、幾重もの問題があったわけですね。最近では、関東大震災下の朝鮮人虐殺さえ「なかった」と訴える声が一部であったりと、この点はむしろ風潮として悪化しているかもしれない。

そのうえで、特定の外国人の犯罪率が高いとなれば、それを人種などの属性に還元するのではなく、貧困や社会排除がかかわっているのではないかという議論が必要となる。なにより、そもそものリアリティが、統計的事実とは異なり、メディアが連続で報じているがゆえに形成されたものではないかという疑いも必要となります。

浜井　外国人犯罪が治安悪化のレトリックに便利に使われていたということだと思います。あと、最近新聞などでよく使われている「相次いで」という言葉が気になっています。「相次いで」というのは事例がつながっているだけで、増えているか減っているかということには言及していない。マスコミは増えているときには必ず増加している、または悪化していると言います。「相次いで」と表現しているということは、実は増えていないけど、大きな問題だという印象を読者に与えたいときに使われます。同種事件の一覧表を示したうえで、相次いでいると書かれれば多くの読者は増えていると信じてしまいます。

たとえば、新聞で、子どもが親を殺した事件が起きたときには、必ず過去に同種の事件を列挙した年表が出たりしますよね。そして、過去に比べて減っているのか増えているのか何もコメントせずに「相次いでいる」と言う。これは、つまり、増えていないということです。「相次いでいる」と書かれていたら増えていないということです。

荻上　あの年表はメディアの「お祭り史」みたいなものですよね。報道史であって犯罪史ではない。

浜井　あの年表が示しているのは、同じような事例が過去にもあったということだけです。ただ、それを見た人たちは、同じような事件がどんどん増えているというイメージを持ってしまう。記者としては、過去に起った同じような事件についての情報提供をしているだけだと逃げるのでしょうが、同じような事件が頻発していて、それは大きな社会問題だという印象を与えることで記事にインパクトを与えたがっているのは明白です。

外国人犯罪の事例に戻ると、多くの人は、外国人犯罪者は、日本で犯罪を起こして、さっさと自分の国に逃げ帰るという印象を持っていると思います。しかし、外国人犯罪者には不法滞在者が多いので、自由に出国することはできません。というよりも、そういう切羽詰った状況だから罪を犯してしまうわけです

にもかかわらず、多くの人が外国人犯罪に対しては、日本が狙われているという論調の記事を信じていました。いわゆるヒットアンドアウェイで、短期間に日本で悪いことをしてさっさと外国へ逃げていってしまうイメージを持っているわけです。でも、実際には、外国人犯罪者

は、日本で働いてお金を稼ぎ、本国に送金しようと思って日本に来たものの仕事にあぶれた人たちがほとんどです。蛇頭などの手引きで不法に入国した人、観光ビザや修学ビザで入国して不法に滞在している人など立場はさまざまです。バブルが崩壊して、職場を失い、かといって自国に帰るに帰れず、追いつめられて犯罪に足を踏み入れていくというパターンが多いのが実態です。

外国人犯罪が問題になり始めたのはバブル崩壊後です。それまでは、不法入国であれ、不法滞在であれ、仕事という受け皿がある間は外国人犯罪が問題になることはありませんでした。ただ、不況になれば、最初に首を切られるのは立場の弱い外国人です。収入を失い、地縁血縁もなく言葉にも不自由する状況で失業し、生活に困って食べ物を盗んだり、悪い連中に誘われるまま強盗の見張りをさせられたりして警察に捕まるのです。2000年前後、刑務所には中国人を筆頭に数多くの外国人が窃盗や出入国管理法違反で収容されていましたが、ほとんどがこのパターンでした。

私は、2000年から3年間、首都圏の累犯刑務所に勤務していました。福建省出身の中国人受刑者の多くが、親戚中から借金をして150万から300万円を蛇頭に支払い日本に密入国したものの、仕事がまったくなく途方にくれ、何もわからないまま窃盗の手伝いをさせられていた人たちでした。彼らとは筆談もままならなかったのですが、田舎から出てきた素朴な出稼ぎのおっちゃん風の人ばかりでした。

そして、外国人犯罪者については、一般の人だけでなく、刑事司法の関係者ですら、きちんと理解している人は少なかったと思います。日本で刑務所に入ると懲役刑なので働かなくてはなりません。刑罰として働くので給料は出ません。その代わり、作業報奨金というわずかばかりのお金が支給されます。だいたい1日8時間、週5日働いて、月4000円弱です。外国人受刑者を多く収容していた刑務所の幹部ですら、作業報奨金は彼らの母国に帰れば大金だ、中国人にとって日本の刑罰は甘く、罰になっていないと言う人たちがいました。

しかし、そんなわけがあるはずはないのです。先ほど指摘したように、中国の人であれば、200万という大金を蛇頭などのブローカーに支払い、大きな借金を抱えて日本にやって来て、月平均4000円程度の作業報奨金の収入では、借金返済なんて無理なんです。まったくの偏見です。

ただ、先ほど紹介した2003年の犯罪対策閣僚会議では、「跳梁跋扈する犯罪者を日本から排除する」ための政策の一つとして、出入国管理法を改正して出国命令制度を創設しました。これは、不法滞在の人を対象として、彼らに犯罪歴がない場合には、自ら不法滞在だと言って入国管理局に出頭した場合には、退去強制処分の手続きを免除して母国に帰ってもらう制度です。先ほど指摘したように、罪を犯す外国人の多くは、就労目的で来日したのに仕事が見つからず生活に困窮する、そのうちに在留期間が切れて不法滞在になる、でも当局に捕まって処分を受ける覚悟がなければ国には帰れないという八方塞がりの状態にあり、そこにつけ込まれた人がたくさんいました。出国命令制度は、過去に同様の罪に問われたことのない者に限りですが、自ら出頭してきた場合には、不法滞在については事実上免責して国に帰らせる制度で、こうした八方塞がりの状態に穴を開ける制度です。これによって多くの中国人が帰国しました。そして、これが外国人犯罪の減少に非常に有効でした。

先ほども話したように、刑務所の過剰収容が緩和され始めたのは、検察による公判請求人員が減少し始めた2004年から2006年頃からですが、外国人受刑者は2004年から減り始めています。これは、2004年に出入国管理法を改正して出国命令制度をつくったからです。これによって、刑務所に収容される中国人受刑者が急激に減少しました。当時中国の景気が上向いていたことも大きかったと思います。

これは、法改正によって犯罪を減少させた唯一に近い成功例です。ただ、その対策の中身は、日本に居場所のなくなった外国人を積極的に母国に追い返しただけです。外国人を日本から排除することによって犯罪リスクを低下させたと言ってもいいかもしれません。成功したといっても手放しで喜んでいいものかどうか、わかりません。

荻上　前借金のようなかたちで経済的に縛られ、パスポートなどを管理されることで移動の自由を制限され、低賃金で働かされる。こうした状態というのは、一般に「奴隷状態」と定義されています。

日本で「奴隷」と言えば、「連行時の強制」、「無賃金」、「暴力的管理」というイメージが強いですが、「奴隷条約」をはじめ、現在の国際論議では、「奴隷」はより広く定義されている概念です。たとえば、米国国務省は、日本は現在でも、人身取引を通じて「債務奴隷」、「性的搾取」が行われていると非難している。米国の言い分の中では、JKビジネスを一括して人身取引と議論するなど、問題点もありますが、どういう定義の下で議論がされているのかということはわかります。

外国人研修制度については安田浩一『ルポ 差別と貧困の外国人労働者』(光文社新書・2010年)、不法滞在者の抱える課題についてはななころびやおき『ブエノス・ディアス、ニッポン――外国人が生きる「もうひとつのニッポン」』(ラティーナ・2005年)などに詳しいですが、日本にはインクルーシブ政策の面で、多くの課題があります。犯罪問題で、何を語ることで何が語られなかったのか、という面は点検する必要があるでしょう。

浜井　昨年の最高裁の判決(2014年7月18日。永住資格を持つ中国籍の82歳の女性が、生活保護申請を却下した大分市の処分は違法だとして、市に処分の取消しを求めた訴訟の上告審)でも、現行制度下では、生活保護受給権は外国人にはないと言いながら、安倍政権は外国人労働者を受け入れていこうとしています。建前としては、受け入れるのは移民ではなく外国人労働者であって、仕事が終われば母国に帰るということですが、でも、実際にはそう簡単ではないですよね。

たとえば、日本が日系ブラジル人を労働力として受け入れたときも、かなり多くのブラジル人が一家で日本に移住してきています。バブルの崩壊やリーマンショックで仕事がなくなったからといって簡単にブラジルに帰れるわけではないのです。

最近、日系ブラジル人が多く住む地域でブラジル人少年による少年非行が問題となっています。これは、リーマンショック以降とくに顕著なのですが、両親が失業して経済的に困難な状況に陥ることで家族の絆が弱まる中、日系ブラジル人社会そのものが地域の日本社会の中で孤立していくようになり、日本の学校から排除された子どもたちが不良グループを形成していったものです。

1900年代前半に移民の流入によって格差や差別が生まれるプロセスの中で、全米の主要都市においてダウンタウンがスラム化していった、犯罪学におけるシカゴ学派が提唱した「社会解体」という現象そのものです。

荻上　最高裁の生活保護外国人受給権の判決は、ものすごく誤解されていますね。中には、最高裁が「外国人への生活保護支給は違憲」とか「違法」と言った、と思い込んでいる人さえいる。一部の議員ですらそうでした。
最高裁が判決で言ったことは、現在の「生活保護法」では、外国人は法令上の支給対象になっておらず、行政措置の対象にとどまっているということのみです。高裁の判決では、難民条約締結の経緯などについて触れることにより、そもそも生活保護法の改正を暗に求めていたのですが、最高裁ではその点に触れていないため消極的とも言えるものの、生活保護支給そのものが「違憲」、「違法」とは言っていません。最高裁が行ったことはあくまで、現行の法システムの機能の確認です。

さらには、支給対象を外国人へと拡大することが違憲だという話にはなっていないし、行政措置として支給することが問題だとも一切言っていない。

だから、たとえば「外国人には受給する権利がない」という捉えられ方は、一部は正しいが、概ね間違っている。生活保護上の権利として明記されていないが、「受給してはいけない」というものではなく、むしろ受給権の拡大を明記することが求められている。対外的にも、日本人に準ずる仕方で支給しているから問題はないと説明してきたため、これからは支給しないという対応はできない。ところが、これを国会議員ですら、「違憲判決が出た」あるいは「支払うかどうかは自治体の裁量に任されている」と理解している。

浜井　メディアを見ていると、そういう表面的な解釈で自治体が運用する可能性は高いかもしれませんね。

荻上　そもそも社会保障は、やさしさや温情ではなく、生存権の問題です。憲法で定められた生存権を満たすための生活保護を狭めるということであれば、当然ながら生存権を狭め、死者も出るし、貧困を理由とした犯罪の増加要因ともなる。司法リテラシー、経済リテラシー、メディアリテラシーの問題が重なり、誤解を招いている事例ですね。

ちなみに災害の話も出ましたが、斉藤豊治『大災害と犯罪』(法律文化社・2013年)など、災害と犯罪の関係についての調査はさまざまに行われていますね。災害と犯罪の関係については、俗に「災害時には犯罪が多発する」という「災害ディストピア」的な語りと、「災害時にはむしろ人々は規律的に行動するため犯罪が減少する」という「災害ユートピア」的な語りがあります。発災直後は、「犯罪流言」があちこちで発生しますが、同時に「日本人はまじめだから」といった日本人特殊論とともに、後者もよく見られます。

斉藤氏は、災害時の犯罪を「困窮型犯罪」、「便乗型犯罪」、「ストレス型犯罪」に分類しています。たとえば阪神淡路大震災のときは、財産犯罪は減少している一方で、オートバイや自転車の窃盗が増加。移動手段を確保するための「困窮型犯罪」が増えたためですが、それに対して同情的な意見も多く、災害時には規範のかたちが変わることが示唆されています。また、「便乗型犯罪」としては、義援金詐欺やリフォーム詐欺といったものが目立つようになります。「ストレス型犯罪」では、DVやアルコール依存などの助長などがあります。つまり、犯罪の種類によって、増減も変わるということですね。

流言化もしやすい強姦については、意見が分かれています。ただでさえ相談しにくいために暗数との関係が把握しづらいからです。これに関しては、根拠不明な流言に頼るのではなく、適切な相談体制を確保・啓発することがなにより重要となります。また、これこそ警察の実務統計での把握が難しいため、調査統計の見直しが必要となります。

東日本大震災の際も、被災地においては重要犯罪や窃盗犯の認知件数は下がっています。ただし福島県は、避難者が増えて空き巣がしやすくなったためでしょう、侵入盗が増加しています。また、「外国人犯罪流言」も発生しましたが、外国人犯罪は概ね減少しています。ただし、外国人による自転車盗は微増しています。これは先の分類で言えば、「困窮型犯罪」にあたるでしょう。

私見ですが、災害時の犯罪発生は、秩序回復への期待値と関係すると思います。「今だからやっちゃえ」とモラル低下が起きるため犯罪が増加するというイメージがありますが、むしろ経済学的なインセンティブの変化に着目するのがいいでしょう。捕まることと犯罪を犯すことの天秤の均衡が変わることや、犯罪グループなどによっては一気にビジネスチャンスが生まれるため他分野からターゲットを移動させるということです。しかし災害からしばらく経つと秩序は回復する。そのときのことを考えると、大多数の市民は、「後で叱られる」ことを想定して行動もする。もし、秩序回復への期待値が低い社会であれば、「困窮型犯罪」や「便乗型犯罪」も、今とは違った推移を示すかもしれません。海外での災害との違いは、単に「日本人の民度」といった話ではなく、災害慣れによる「回復期待」の影響も考える必要があるでしょう。

厳罰化しない犯罪対策の行方

浜井

「縦割り」刑事司法の弊害

これは、日本社会のあらゆる場面に出てくる問題だと思いますが、厳罰化の背景には、「縦割り」があります。刑事司法で言えば、警察、検察、裁判所、矯正、保護は、それぞれがお互いのことを知らずにばらばらに自分たちの仕事をしている。それぞれの機関がどんなに一生懸命に仕事をしても、共通の目標を持っていないので、有機的な連携がほとんどない。

警察は、安心・安全をスローガンに、認知件数を減らして検挙率を上げたい。そのためには、市民の防犯意識は高ければ高いに越したことがない。被疑者を検察庁が起訴すれば仕事は終わり。検察は、自分のところに送られてきた人を起訴するかどうか、起訴するのであればなにがなんでも求刑に近い量刑で有罪を勝ち取りたい。刑が確定すればそれで仕事は終わり。裁判官も、被告人が有罪であれば、行為責任主義に則って、被告人にその行為に責任をとらせれば仕事は終わりです。裁判官にとって、判決後に、彼らがどんな処遇を受け、その後どうなるかは関係ありませんし、関心もありません。刑を言い渡した被告人が再犯するかどうか、更生するかどうかまでは自分たちの関わるべきことではないと考えるのです。刑務官も、満期や仮釈放で刑務所を一歩でも出た受刑者には関わりません。多くの刑務官は、刑務所を出た以上、関わってはいけないとまで考えていました。

これは、ある意味プロ意識の現れでもあります。プロとして自分たちの仕事の範囲に線引きをして、自分たちの専門領域でない部分には手を出さない。逆説的ですが、良心的でプロ意識の高い裁判官ほど、判決において被告人の再犯や更生は考慮すべきではないと考えます。未来は不確定であり、その可能性について被告人に責任を負わせてはいけない。裁判は過去の行為に責任をとらせれば十分であり、それ以上でもそれ以下でもないと考えるのです。司法の縦割りの背景には、ある意味でのこうした専門家ゆえのプロ意識があります。

ただし、その縦割りの中でのプロ意識が、判決後のことにまったく関心を持たない、刑務所や保護観察の実情をまったく知らない、知らないことに何の問題意識も持たない検察官や裁判官を生んでしまったのです。

みんなが自分の役割だけをしっかり果たそうとする。だから、治安が悪化した、大変だ、なんとかしようと、短絡的に厳罰化に走る。縦割りの中では、厳罰化してしまうとどうなるのか想像ができないのです。司法の全体像が見えていないので、厳罰化すると、単純に秩序が回復すると考えてしまいます。

厳罰化には、より重い刑を科す重罰化と法適用の範囲を拡大するネットワイドニングの二つがあります。刑罰には強い逆進性があるので、福祉的な支援を強化せずに厳罰化だけを推し進めると、以前は起訴されなかった人が起訴され、実刑になったりします。日本が厳罰化したのは1995年の地下鉄サリン事件がきっかけですが、厳罰化の結果増えた受刑者は、失業者や単身生活者などの社会的に孤立した人で、その中には高齢者、病気で半身が麻痺したり、視力が衰えたりしたような人や障害者、そして外国人などが多く含まれていました。

受刑者の蛇口を握っているのは検察官と裁判官です。刑務所に、受刑者を受け入れに関して拒否権はありません。認知症で自分の生年月日も年齢も言えなくなった人を刑務所に送り込んでいたのは検察官や裁判官です。

しかし、山本譲司さんの『獄窓記』が出版され、マスコミがこの問題に関心を持つまで、彼らのほとんどはこうした刑務所の実情をまったく知らなかったのです。法的には検察官には刑の執行指揮権があり、裁判官も刑務所を巡視することができますが、そもそも判決後の状況を知ることを自分たちの仕事だとは考えていないので、自分たちがどんな人を刑務所に送り込んで、彼らがどうなっているのかはまったく関心がなかったのです。

たとえ公判廷で満足に話をすることができなくても、法と証拠に照らして、つまり調書に

「犯罪になるとわかっていましたが、我慢できずに盗ってしまいました」と書かれていて、執行猶予中の再犯や実刑後間もない再犯であれば、それがおにぎり1個の万引きであっても常習累犯窃盗として自動的に5年を求刑し、3年の実刑にしていたのです。

彼らはプロですから、プロとしての判断を下したわけです。被告人がなぜおにぎりを盗んだのか、刑務所に行った後どうなるのか、刑務所出所後どのような生活を送るのかを考えるのは、誰か別の人の仕事であって彼らの仕事ではないのです。

こうしたプロであるがゆえの無関心が、今の養護施設化した刑務所を生み出した大きな要因の一つです。刑事司法で働く者が、犯罪者がどこから来て、どのように処分され、どこに帰っていくのかということに関して共通のイメージを持ってない。つまり、何のために捕まえ、罰を与えるとどうなるのかを知らないまま、ただ、自分たちの目の前に来た犯罪者を法に従って機械的に処理していく。それが今の刑事司法の最大の問題点だと私は思います。

先ほども指摘したことですが、最近の厳罰化をめぐる法制審議会の議論を見ていても、厳罰化は犯罪への抑止効果があるはずで、犯罪は減るはずだという前提に基づいている。法制審議会の議事録には、「常識に照らして」という表現が出てきます。そこで言う常識とは、刑罰を重くすれば犯罪抑止効果が強まる、重く罰すればより深く反省する、反省すれば再犯しないというものです。

これは、すべて法律家の間の常識ですが、実はエビデンスはこれをすべて否定しています。

これまでの日本の刑事政策の最大の問題点は、エビデンスではなく、法律家の常識に基づいて政策を決定していたことにあります。だから、法制審議会では、厳罰化に向けた答申を出したら終わりで、その答申どおりの政策を実施した後の効果検証はまったく行われませんし、問題が起きても誰も責任をとりません。

荻上　どこも効果検証の議論は苦手ですよね。

浜井　たとえきちんとした効果検証をしなくても、刑務所を巡視すれば、厳罰化がどういう結果を招いたかがよくわかるはずです。

私が犯罪者処遇だけでなく刑罰の問題に関心を持つようになったのは、厳罰化によって刑務所が過剰収容になっていた頃、そこにいた受刑者は、とても懲役刑に耐えられないような人たち、刑務作業に耐えられない人たちだったことからです。それが私の刑事政策研究者としての原風景です。

コストをかけるべきは刑務所よりも福祉

荻上　障害のある受刑者について言えば、浜井さんも言及した山本譲司さんの著作により、累犯障害者の問題がクローズアップされるようになりました。山本さんの『累犯障害者』（新潮社・2006年）は、福祉の失敗が、刑務所へのしわ寄せとなっていることを浮き彫りにする名著です。その後、精神疾患や発達障害を含め、事前に適切な療育をしていれば防げたかもしれない事例が注目され始めます。厳罰化論議ばかりでなく、未然に犯罪防止することが重要だということが、わずかではあるけれど理解されるようになりました。

では、どうやって防止するか。二つの対立軸があります。特定の属性を持つ個人に着目し、「犯罪予備軍」として捉えて排除する方向と、社会環境や制度に着目し「困りごと」を除去することで、誰もが犯罪しなくても済む「なんとかなる社会」をつくるという仕方です。犯罪者という自分たちとは違う誰かをどう処遇するか、という話ではなく、私たちが一人ひとりの人について、社会運用をどうするかの発想が問い返されていると思います。

厳罰化の問題を考えるときには、倫理的な側面に加え、功利的な側面が必要だと思います。犯罪は、多くの人に損失をもたらす。厳罰化は、短期的に刑務所に隔離しておくことによる「無力化」ぐらいしか期待できず、費用対効果が悪い。短期的には、感情的な満足感を得られるが、社会から見て効率的とは言いがたい。犯罪が起きにくい社会を実現することで、社会成員全体の幸福度を上げる。そのためには、ほかに効率的な投資方法があるのではないか、と。

浜井　そうです。刑事政策の基本、とくに犯罪者や非行少年の処遇は、より良い社会づくりのための投資だという視点が必要なのです。厳罰化を含め刑事政策で最も難しい問題は、多くの人が、犯罪や犯罪者の問題を自分たちとは異質な人たちが起こす問題だと考えていることです。興味深いことにこれは受刑者自身も同じです。

受刑者の多くは、勧善懲悪の刑事ドラマが大好きです。もちろん犯人を捕まえる側に感情移入しています。また、一般論として刑罰について質問すると、刑罰はもっと重くしたほうがいいという答えが返ってきます。

注目すべき点は、このとき、彼らは自分を省みているわけではありません。私たちと同じように、受刑者である自分たちとは異質な普通の人間ではない犯罪者を頭に描いているのです。自分や受刑者仲間を頭に思い描いているわけではありません。

刑事政策を考えるうえで最も重要なポイントは、犯罪者は私たちの中から生まれるということです。犯罪は、特別な人たちが行うものではないという前提からスタートしないと正しい答えには行き着きません。どんなに凶悪な事件を起こした人でも、もともとは普通の人間です。普通の人間が普通の幸せな人生を送ることができなくなって、普通ではない状況に陥って罪を犯していく、これが、私が何千人という犯罪者を見てきた結論です。

そのうえで、刑罰を考えるうえではコスト意識も重要だと思います。刑罰も社会サービスの一つであり、国が運営している以上コストがかかります。私たちの税金が使われているのです。刑務所や少年院といった収容施設の年間予算は約２３００億円です。日本の刑務所には少額の万引きを犯した高齢者が多数収容されている話をしましたが、彼らの収容にかかる純経費は1年間で平均約65万円、刑務官の人件費を入れると300万円弱となります。慶應義塾大学の経済学者である中島隆信さんが書かれた『刑務所の経済学』(PHP研究所・2011年)の試算によると、スーパーで300円分のパンを万引きした人が、1カ月間の勾留の後6カ月の実刑となった場合に、裁判費用などを含めて概算で130万円かかると試算しています。これで、再犯を防ぐことができればいいのですが、万引きの背景にあるのは社会的孤立や生活困窮であってモラルの問題ではないので、受刑者は刑務所に入れば入るほど刑務所以外の場所で生活できなくなり、再犯期間は短くなり、再犯率は上昇します。社会的コストという観点から考えると、少額の万引き犯を刑務所に入れることは理に適っていません。

荻上　構造を議論すべき問題が、なんでもかんでも「モラルのお話」にされ過ぎなんですね。

浜井　それが一番簡単ですからね。貧困や差別、そして孤立の問題をすべてモラルの問題にしてしまえば、あとは自己責任として刑罰の対象にして切り捨ててしまえばいい。そのほうが問題解決の方法としては簡単です。刑事司法に任せて何もしなくて済みますから。

しかし、刑務所は、人が犯罪に陥るようになった原因を解決することはできません。刑罰は、犯罪という困った問題を個人の責任にして無理やり決着をつけているに過ぎません。問題を解決するどころか、刑務所に入れることで、特定の個人を社会から隔離して、犯罪者というスティグマを上乗せしているのです。

刑務所に入っている間に、受刑者はどんどん社会との関係性を弱めていくことになります。刑務所は極めて特殊な社会です。狭い空間と人間関係の中で日々同じ日常を繰り返す。作業中トイレに行くのにも許可が要ります。自分で考え、判断して行動することを原則許さない社会です。日常の生活の中でも、上げ膳据え膳、運ばれてきたものを食べ、洗濯も自分ですることはありません。同じことを繰り返す非日常的な空間です。しかも、日々会話があるのは受刑者同士だけです。

最近の刑務所は改善指導として性犯罪者に対して特別な処遇プログラムを用意したり、職業訓練を行ったりしていますが、それは、非日常的な空間の中で行うものなのでおのずと限界があります。

刑務所を出た人の刑務所への再入所率は、50％程度と高くなっています。刑務所に入れて非日常的な生活を強いることが罰だとするのであれば、再犯を防止するためには、その非日常的生活がもたらした重荷をできるだけ少なくするような仕組みが必要です。

そもそも重荷を背負わなくてもよいのであれば、それに越したことはありません。高齢者や知的障害者の中には、もっと早い段階で適切な支援が届いていれば、刑務所に入らずに済んだと思われる人がたくさんいます。

法務省の調査でも、知的障害の疑いがあると判断された受刑者の6％の人しか療育手帳を持っていなかったことが明らかとなっています（厚生労働科学研究費補助金障害保健福祉総合研究事業「罪を犯した障がい者の地域生活支援に関する研究」平成19年度総括・分担研究報告書）。つまり、94％の人は、障害者としての支援を受けていなかったことになります。彼らの多くは、必要な支援もなく、帰る場所がないまま、また再犯して刑務所に戻ってくることになるのです。いわゆる累犯障害者といわれている人たちです。

刑事司法では、犯罪に関わるあらゆる問題が、個人のモラルの問題として処理されます。すべて個人の問題なのです。刑法の世界では、企業の起こした組織的な犯罪であっても、処罰の対象とするのはその中の個人です。社会的貧困や障害の問題があったとしても、刑法39条を適用して心神喪失と判断されるか、14歳未満でない限り、個人の規範の問題として刑罰が科されます。そして、再犯したとなれば、反省していなかったとして、さらに重い刑罰を科すのです。結果として、刑務所しか居場所のない人をつくっていく。こういう現実を多くの人はもっと知るべきなのですが、縦割りがそれを阻んでいるのです。

荻上　メディアには、実際の社会像を丹念に取材することが求められています。犯罪が減少している一方で、再犯者の割合が増えている現状ですが、それはつまり、再犯リスクの高い人をコアターゲットとしてインクルーシブ政策を行えば、効果が見られやすいということでもあります。

福祉に力を入れることで、10年後に刑務所に収監される人たちを減らしていくことができるわけです。「犯罪者」をポイント対象にするのではなく、ハンディキャップというものに対してシームレスに対応すること。そのためには確かに、セクショナリズムを超えることが一歩目となるわけですね。

浜井　そのためには、刑務所の問題を自分たちの問題として考えることが必要だと思います。たとえ、自分は絶対に刑務所に行くようなことはしないと確信を持っている人にとっても、刑務所の問題は関係のない問題ではありません。終身刑にならない限り、受刑者は必ず私たちの隣人として社会に戻ってきます。だから刑務所の問題は私たちの問題なのです。この視点から刑罰や刑務所の問題を考えてほしいと思います。

刑事司法だけでは解決できない

荻上　たとえば薬物依存は、横断的対応が必要となる典型事例です。依存に対しては反省的アプローチではダメで、居場所がないような人に厳罰で対応していくと、ますます薬物に追い込むという悪循環がわかってきました。そこでオランダでは、コカインなどのハードドラッグは禁止するが、大麻などのソフトドラッグには一定の許可を与えたり、注射針を配布したり使用スペースを設けるなどの手段により、「ハーム・リダクション」（有害性縮減）を実現するという路線をとりました。犯罪化とは逆に、健康管理と闇市場排除によって実害を減らすというわけですね。

脱法行為に対するインセンティブは、これまでは各家庭と個人の資質にほとんど丸投げしてきたように思います。そもそも日本の教育というのは、公教育が弱く、家庭教育に期待されるところが大きい。そうして個人に教育を丸投げしてきた結果、社会ビジョンが事後的に形成される。つまり、各家庭で対処できなかった「落ちこぼれ」は自己責任、犯罪化した者は厳罰で対処しましょう、と。

犯罪に関するデータを見てきたうえで、今後議論すべきは、犯罪対策から見えてきた、インクルーシブな社会構想のヒントについてです。犯罪が減っているか否かといった論争については、すでに決着はついています。そのうえで、減ってはいるけれども、どういう人たちがハイリスク層なのか。さまざまな当事者がより幸福になるためには、いかなる制度が必要かという点です。セックスワークの分野でも、「非犯罪化」したうえで、職業に対する偏見を取り除くとともに、しっかりと衛生と権利の問題として語り直そうという動きが広がっています。さまざまな領域で「語り直し」が必要な時代だと言えます。

浜井　薬物問題について付け加えると、オランダに限らずヨーロッパではさまざまな取組みがなされています。たとえば、後に紹介するイタリアでは、薬物の依存症者を刑務所に入れても何も解決しないどころか、検察官の業務が忙しくなり刑務所が過剰収容に陥るだけだとして、薬物の自己使用とそのための所持に関しては、警察が検挙しても刑罰を科さないことにしました。もちろん、薬物使用は放置してよい問題ではないので、刑罰を科さない代わりに、依存症からの回復のための治療的処遇を行うことにしたのです。違法・合法を問わず薬物使用を依存症の問題として捉え直し、刑事司法の問題から公衆衛生の問題へと転換しました。健康省の下、地方の公衆衛生局ごとにＳｅｒＴという依存症回復センターを設置し、そこで依存症からのリカバリーに向けた処遇を行うことにしたのです。

社会にとって刑罰は、もともと人々が安全で幸せに生きていくための道具の一つのはずです。刑事政策の目的は、犯罪被害者も加害者も生み出さない社会をつくることです。そのためには、被害者にも加害者にも困難を克服してもらい、幸せになってもらうことが一番です。刑事政策も、誰かを懲らしめるのではなく、みんなが幸せになるためにはどうしたらよいのかという視点に転換すると、もっと犯罪を減らすことができるはずです

先ほどお話しした縦割り行政の下で、いじめでもＤＶでも児童虐待でも、そして犯罪でも、すべてが刑事司法に丸投げされてしまうのです。そして福祉や教育は手を引いてしまうのです。でも、刑事司法にできることは罰を与えることだけで、罰で問題は解決しません。みんなで問題を共有して、自分に何ができるのかという視点で協力し合わなければ解決できない問題ばかりです。

たとえば、保護観察処遇一つとっても、日本は薬物依存症の処遇から性犯罪者処遇まですべて保護観察所で賄おうとしますが、イタリアやノルウェーでは、必要に応じて他の専門機関に委ねます。一人の保護観察対象者は、仕事、家族、依存症などさまざまな問題を抱えています。これをすべて保護観察所が解決することはできません。

日本では、警察に検挙された段階で、その人が知的障害者であれ、高齢者であれ、犯罪者として刑事司法に丸投げされてしまいます。ところが、刑事司法には、福祉的なノウハウはありません。すべてをモラルの問題に還元して刑罰を与えることしかできない司法では、取調べや尋問で、相手が自分の言ったことを理解していなかったり、きちんと説明しようとしなかったりすると、それは不真面目だという態度の問題に還元されてしまいます。障害や認知症に関する知識もないし、それを疑う発想もないので、障害や病気を見落としてしまい、不真面目だ、反省していないとして、より重い処分の原因になる可能性すらあるのが今の司法の現状です。

だから、退官した裁判官の中に、自分は知的障害者を刑務所に送ったことはないと思うと話す人がいたりします。確率的にありえません。気がついていないだけです。気づこうとしなかったことにも気づいていないのです。たまに、障害に理解のある裁判官がいますが、お子さんなど身内に障害のある人がいる場合がほとんどです。まず、可能性に気づいて知ろうとすることが大切です。

荻上　被告人は、みんな同じはずだ、という発想なんですかね。

浜井　可能性を考えないのでしょうね。ＩＱ70未満の人が少なくとも刑務所人口の20％いることは統計上明らかなのに、刑事司法の関係者はそのことに関心を持ってこなかった。自分の目の前にいるクライアントがそうかもしれない、と疑う想像力が欠けているのです。

私は法科大学院の教員ですが、日本の法曹教育には障害という視点が欠けています。障害を持つ人に接する機会もほとんどない。社会正義実現のため、社会的弱者を守ることが法曹の使命だとすれば、法曹教育は、もっと障害者や貧困世帯、外国人の実態理解に力を注ぐべきでしょう。

法科大学院でも司法研修所でも条文解釈や法文書の作成は訓練しますが、人間や社会については何も教えません。統計リテラシーも教えません。今の法曹教育は、与えられた事例の中から法的な争点となりうる事柄だけを要領よく抽出して、それに法律を当てはめる能力だけを訓練します。そこでは、食い逃げした犯人が知的障害者だと明確に書かれていない限り、その可能性を考える必要はないし、その可能性を考えすぎる人は司法試験に受かりません。

社会政策としての犯罪対策へ

荻上　さらに遡ると、そもそもこの国の障害者教育というのは、普通学校と特別支援学校との分離の下で進んできました。この国では、学校という機関が地域コミュニティでのつながりを築くうえで重要な意味を持ちます。その段階から、障害者と健常者とが切断されたコミュニティを形成させてしまいます。子どもだけでなく、親同士のつながりも切断してしまうのです。

地域内を見えない壁で分断するような教育政策は、災害時など、さまざまな場面で問題が顕在化しますが、そもそも普段から障害の存在が不可視化されてしまい、身近な経験から知識を得る機会を減らしていることが問題です。刑事司法関係者が、「あれ?」と気づかないのは、関係者個人のリテラシーだけでなく、そもそもの障害政策、教育政策に由来しているのだとも言えます。

そういう意味では、司法関係者の反応は、ある意味でこの国では「普通」のものなのでしょう。健常者と障害者との接点が少ない「普通」の学校で育ち、その世界の中で優秀な成績を修めてきた人たちのリアリティです。そもそもの想像力を育むためには、この国が障害者に対する特異な分離教育を行ってきたということが省みられる必要があります。

発達障害については、２００４年に「発達障害支援法」ができました。発達障害への理解は徐々に進んでおり、知的障害とはまた別の歴史になっています。これまでクラスに一人はいて、

「難しい子」扱いされたりしてきた子が、実はそうなのだとわかったという順番ですから、分離政策をいかに統合するかという政策課題とは若干また異なっている。そのため、一方で通常学級をいかに変革するかが問われています。誰もが過ごしやすい教室づくりを行うため、普段の授業でも介助の先生が隣についたり、座席の構造を工夫したり、授業のやり方を変えたりといった、きめ細かな工夫が行われている。ほかにも、発達支援センターに通ったり、通級で個別の療育課題に取り組んだりといったことも有効ですが、地域格差があるのが課題です。

このように、障害者の存在は、地域でもまだまだ見えづらい存在です。司法の変革だけが課題ではないんですよね。

浜井　そもそも日本社会は、「普通」でない人を嫌う社会です。普通と見なされない人は、普通の社会とは隔離された別の空間で管理され、普通の人から見えないようにされてしまいます。普通の人に迷惑をかけないように管理されるという言い方をしてもいいかもしれません。

知的障害者は障害者施設へ、精神障害者は精神病院へ、認知症の高齢者は特別養護老人ホームか精神病院へ、薬物依存症者は精神病院または刑務所へ、罪を犯した人は刑務所へといった具合に、普通の人と同じような行動をとることができない人は、普通の人に迷惑をかけないように普通の社会から別の場所に移動させる。専門施設のなかった時代には、座敷牢に隔離されていました。だから、自分たちのまわりにいない障害者に対する理解はいつまで経っても進んでいかないのだと思います。そのため日本社会には障害者に対する偏見が強い。だから、誰も自分や家族のことを障害者だとは思いたくないし、思われたくない。障害を持ちながら障害認定を受けている人が受刑者の中に少ない背景には、受刑者自身も、自分は障害者ではないと思いたいという意識があります。

日本では、知的障害者も、精神障害者も、犯罪者も文字どおり別世界に住んでいる人であり、社会全体にとってブラックボックスになってしまっているのです。その結果、よくわからない不気味な存在になってしまっているのです。

荻上　犯罪が報じられたとき、外国人だったら国外退去に、精神病患者は病院に、知的障害者は私宅監置に、といった反応が見られますが、これは極端な事例への反応というよりは、平時から求められている本音の吐露ともとれます。

いま、障害学の分野では、「施設から地域へ」すなわち「脱施設化」が叫ばれています。施設管理者の都合で拘禁されたり、移動の自由が制限されたりするのはおかしい、と。当事者主権およびハウジングファーストで、地域社会で障害当事者が自立生活を送れるようなケアのシステムに組み替えていこうということですね。

犯罪においても、「脱施設化」は重要になると思います。各省庁の分野に囚われず、当事者のライフコースに合わせたシームレスな制度の設計です。

浜井　そのとおりです。罪を犯した人が、それぞれの人生の中でまっとうな市民生活を送れるようにしなければ、持続可能な再犯防止はありえません。そのためには、刑事政策を社会政策の中で考えなければ、なんら実効性のある政策は実現できません。それが理解されていないから、障害者や高齢者が刑務所を出たり入ったりすることになったのです。

荻上　つまりは、あまりに「点」で考えすぎているんです。たとえば2014年には、ストーカー規制法の議論が行われましたが、この犯罪は結局、加害者をケアしないと被害者を守れません。加害者が一時的に刑務所に入っていたとしても、出所して再犯しないかどうか、被害者は怯え続けることになります。その際、被害者が、出所後の加害者情報を知る権利を確保することも大事ですが、根本的には、加害者が更生し、ストーキング行為をやめないとダメなわけです。

浜井　逗子市のストーカー事件(2012年に、神奈川県逗子市で女性が元交際相手によるストーキングの末に殺害されたという事件)は、結局のところ、刑罰を科しても問題解決にならないことを浮き彫りにしました。

深刻なストーカーには、いろいろな挫折体験の中で被害感を強め、自尊感情の低下した人が多い。彼らを刑務所に入れると、より強いスティグマを抱え、さらに自尊感情が低下するため、ストーカー性を強めてしまう危険性があります。もともと物事を被害的に受け止めやすいため、被害者や社会に対する敵意が強まってしまうわけです。

では、どうすればこうした悪循環を断ち切れるのか。端的に言えば、加害者が人生のどこかで幸せになれば、多くのストーカー行為は消失するはずです。就職でも、新たな出会いでも、自尊感情が高まる経験が持続すれば、ストーカー対象に固執する理由がなくなります。

要するに、人生においてストーカー以外の選択肢が生まれればいいのです。人は、幸せな気分のときには、恨みや敵意といったネガティブな感情は忘れてしまいます。社会からの制裁という敵意を伴う刑罰は、恨みや敵意といったネガティブな感情を増幅させるだけです。ストーカーに限らず、犯罪者が立ち直るためには、罪を犯さないで生活できる選択肢が絶対的に必要です。それがなかったから、逗子市の事件が起きてしまった。

被害者が幸せになることは当然のこととしても、加害者が幸せになるということには抵抗のある人が多いと思います。しかし、加害者も私たちの社会の一員である以上、被害者も加害者も幸せにならなければ、みんなが幸せな社会はつくれません。幸せを感じる人の多い社会ほど、それを守りたいという力が強くなり、犯罪が起きにくくなるはずです。

荻上　加害者、被害者、その遺族など複数の当事者目線が欠けてきたのが、今までの刑事司法ですね。

浜井　そうです。これまでの司法は、当事者目線のないまま、縦割りに分かれた専門家目線だけで運営されてきた。さらに、刑事司法がいろんな社会の仕組みから孤立しているため、司法の場に持ち込まれた社会問題はすべて個人の規範意識の問題に還元され、刑罰の対象となるだけで終わってしまった。社会問題に対して解決能力を持たない刑事司法が、刑罰を科すことで問題を解決したつもりになっていたのが大きな問題です。

荻上　ストーカー問題については以前、加害者へのケア活動も行っているNPOの方と国会議員の方をつなぎ、法改正のアシストを行ったことがあります。その改正では、メールでもストーキング行為に含まれるようになるといったマイナーアップデートでしたが、今後はさらなる改正が求められています。

犯罪は、「出所後」の制度を整えていかないと、逆説的な現象が起こり続ける。被害者にとっても加害者にとってもですね。満期出所の人ほどすぐ刑務所に戻るのは、保護観察がつかないためですし、少年の場合も保護観察の期間が終わると、また昔の友人にあって元に戻るケースが続く。

教育、福祉、就職、尊厳。こうしたものに出所者がアクセスできるよう、社会復帰プログラムを設計していかなければいけません。そのニーズの掘り起こしや丁寧な対応をするための知見はたまってきたと思うのですが。

浜井　以前よりはかなりになりましたが、まだまだというところかもしれません。まあ、基本的には、犯罪は社会問題の一つであり、さまざまな理由で困難に陥った人がとる一つの選択肢であること、その問題を根本から解決したければ、困難そのものを解決することが必要だということをみんなが共有することが重要です。

アメリカ犯罪学会の会長だったロバート・アグニューは、貧困ではなく、貧困がもたらす、学校に行けない、三食食べられない、医療を受けられない、給食費を払えない、部活動に参加できないといった経済的な困難の積み重ねが、非行の発現に影響を与えているという実証研究を発表しています。

要は、それに気づくかどうかが重要です。今、ようやく政府も気がつき始めたという段階だと思います。困難を解決するためには、司法だけでは不可能です。福祉や教育そして医療をつなげていかないといけないというところに、ようやく気がつき始めた。だから、再犯防止、「居場所」と「出番」と言っているのです。ただ、まだ総論段階で、各論の具体策となるとまだまだです。

イタリアに見出した刑事司法のモデル

荻上　日本に暮らしていると、犯罪者や精神病患者は施設に入れるのがスタンダードになっているので、それ以外の方法で果たしてうまくいくのか、イメージが湧かない人が多いと思います。その意味で、他国の事例から学べることは多いでしょう。そのまま日本でうまくいくとは限らずとも、少なくとも政策の参照物としては重要です。

その中で、最近、浜井さんが『罪を犯した人を排除しないイタリアの挑戦――隔離から地域での自立支援へ』(現代人文社・2013年)で書かれていた事例は大変勉強になりました。あらためてそのポイントを教えてください。

浜井　そうですね。では、まず、イタリアを調べるようになった経緯を説明したいと思います。もともとのきっかけは、厚生労働科学研究の中で、被疑者や被告人段階の累犯障害者や高齢犯罪者の問題を解決する方法を考えるために外国の事例も研究してみようということでした。私はノルウェーを調査しましたが、ノルウェーには、刑事司法の中で障害者や高齢者を特別に支援するような仕組みは存在しませんでした。あったのは「逃げない福祉」でした。つまり、生活困窮や社会的な孤立をケアするような福祉的サービスが普通に充実していれば、日本のように刑務所の中の高齢者や障害者といった問題は起きないということです。そして、ノルウェーでは、福祉を含むあらゆるサービスが、警察に捕まった被疑者や、検察官に起訴された被告人や刑務所の受刑者に対して、区別することなく届いていました。こうしたサービスがあれば、日本のように軽微な犯罪を繰り返す累犯高齢者や累犯障害者の問題は発生しないということです。

ノルウェーでは、高齢者や障害者が万引きを犯すケースはそれほど多くなく、なおかつ仮に万引きで検挙された場合には、少年同様に警察や検察から福祉にバトンタッチされるので、窃盗の累犯化で高齢者や障害者が刑務所に多数収容されるということ自体が生じません。だから、2009年に日本で作られた地域生活定着支援センターのような、司法と福祉をつなぐ特別な機関のようなものはそもそも必要ないのです。

これは一つの社会の理想型ではあるけれども、国のあり方そのものの問題なので、日本ですぐにそれができるかというと難しいと考えました。

荻上　社会のトータルデザインが問われているわけですからね。部分的に導入すれば済むわけではない。

浜井　そうです。だから、ほかに何か有益な取組みをしている国はないかと探してみました。とくに、日本と刑事司法システムが似ていて、司法と福祉との連携を考えるうえで参考になりそうな国です。そして、イタリアに目をつけました。イタリアは、私が法務省に在籍していたときに、ローマの国連犯罪司法研究所に派遣というかたちで赴任していたことがあり、調査するうえでコネもありましたし、1978年に、入院のための精神病院を禁止廃止するという大改革を行った経験を持っており、そこから何か学べるのではないかと思いました。精神病院への入院を禁止するということは、地域での精神医療を充実させ、地域で支えるということです。

イタリア地域精神医療の理念は、単なる病気の治療ではなく、障害者と社会との関係性の修復、つまり障害を持つ人たちが普通の市民として生活できるようにすることでした。そのためには、医療だけでなく福祉や就労支援など多機関の協力が不可欠です。加えて、イタリアは、南北に長く、温泉や地震が多いという地理的な条件だけでなく、ヨーロッパの中では高齢化率が最も進んでおり、政府も赤字財政に悩んでいるなど日本との共通点が多いのです。

荻上　精神病院を解体した経緯については、松嶋健『プシコ ナウティカ――イタリア精神医療の人類学』(世界思想社・2014年)、大熊一夫『精神病院を捨てたイタリア 捨てない日本』(岩波書店・2009年)など、いくつかのレポートがありますね。ただ、犯罪対策については、あまり知られていませんね。

浜井　そうです。だから、まず、イタリアの刑事司法システムから調べ直しました。そうすると、イタリアの刑事司法には日本にない二つの特徴のあることがわかりました。

一つは、刑事裁判の判決確定後に、量刑の中身、つまりその刑の執行内容を検討するための特別な裁判所が存在するということです。この裁判所は、イタリア憲法27条に、刑罰は更生を目的としなくてはならないという規定があることから設けられたもので、矯正処分監督裁判所と訳されていますが、裁判官2人と医師を含む専門家2人の4人の合議体で、どのようにして受刑者を更生させるのかを考えます。たとえば、70歳以上の高齢者に刑事裁判所で実刑3年が言い渡されたときなどは、矯正処分監督裁判所によって、刑務所に収容する以外の方法で処遇することが望ましいと判断され、保護観察や福祉施設を含む自宅拘禁が選択されるのです。

その際に、裁判所に対して社会福祉や医療といった立場から意見を述べるのがＵＥＰＥ、日本語に直訳すると社会内刑執行事務所といわれる司法省に所属するソーシャルサービス機関です。職員のほとんどが国家資格を持ち、公務員試験に合格したソーシャルワーカーです。矯正処分監督裁判所に対して、更生計画を含んだ社会調査報告書を作成・提出するとともに、保護観察が選択された場合には、受刑者の指導・監督を担当します。このＵＥＰＥも憲法27条が根拠となって設置されました。

つまりイタリアには、刑務所と地域社会の福祉サービスと裁判所をつなぐ、司法福祉の特別な機関が存在しているのです。司法省の中に、福祉の専門家で構成される保護観察所のような機関があり、そこで働くソーシャルワーカーが、裁判所に対して、日本の家庭裁判所調査官が作成しているような社会調査記録を提出して、それに基づいて刑の処遇形態や内容が選択されるのです。

ＵＥＰＥは、単に社会調査報告書を作成したり、保護観察処遇を担当したりするだけでなく、刑務所に自由に出入りして、受刑者の社会復帰に向けたさまざまな支援を行っています。矯正処分監督裁判所は、拘禁代替刑の決定だけでなく、受刑者の仮釈放や刑務所の移送など、受刑者処遇全体を監督しています。加えて、ＵＥＰＥと日本の保護観察所との大きな違いは、日本の保護観察処遇が、指導・監督や補導・援護を保護観察官や保護司が直接担っているのに対して、ＵＥＰＥのソーシャルワーカーは、日本の福祉で言うとケアマネジャーの役割を果たしていることです。つまり、ケアプランを立て、その実施をコーディネートしていくのです。薬物指導などを直接自分たちで実施することはありません。先ほど紹介したＳｅｒＴや民間団体に委託します。ＵＥＰＥは、受刑者を刑務所という施設から社会に戻すための機関として設置されたため、精神障害者を精神病院から解放し、地域に精神保健センターを作って地域移行を促した経験が生かされています。

加えて、イタリアには、就労支援など、居場所と出番をつくり出すための組織として社会協同組合があります。これは、最近、日本でも知られるようになってきたソーシャルファームの一つです。社会協同組合には、社会的に不利益な立場にいる人たちに福祉サービスや教育を提供するＡ型と、彼らに就労の機会を与えるＢ型の二つの形態が存在します。対象となる社会的に不利益な立場にいる人には、障害者だけでなく受刑者や薬物依存症者なども含まれます。Ｂ

型の社会協同組合は、刑務所の内外で受刑者や元受刑者を雇用して、就労の機会と就労による自己実現の場を提供しているのです。社会協同組合は、社会保障費の負担など一定の優遇措置を受けていますが、日本の福祉作業と異なり、市場で生き残り、従業員に自立可能な給与を支給することが求められています。

ちなみに、社会協同組合として認められるためには、組合員の最低3割が受刑者などの当事者でなくてはならず、組合員は経営者を含めてすべて同じ給料でなくてはなりません。そのほかにも、民間の財団や日本のNPOのような支援組織も多数存在します。イタリアは、公的機関から入って調べれば調べるほど民間の裾野が広く深く、しかもそれらのさまざまな団体が重層的につながっているのが特徴です。どうしてこんなに手厚い受刑者支援があるのかと聞くと、みんなが口を揃えて、しかも誇らしそうに憲法の27条があるからだと言っていました。翻って、日本国憲法にはそんな規定はなく、刑罰の目的は刑法にすら規定されていません。

政策のつくり方の違い

荻上　イタリアの精神医療改革では、「自由こそ治療だ」が一つのスローガンになっていました。犯罪についても、「自由こそが更生だ」と言えそうです。もちろん自由を得るためには、さまざまな選択肢が不可欠です。

それに比べると、日本の法制度は「懲罰主義」だというのがはっきりしますね。あくまで、被害者の代わりに罰を与え、社会的に抑止を促すことが重視されている。一方で、更生や権利回復の議論が置き去りにされている。だから「刑罰の後」の話が軽視される。

浜井　そうですね。裁判官にとっては、行為責任主義がすべての基本です。行為責任主義とは、行った行為の責任をとってもらうことです。それが裁判官にとっての刑罰で、再犯可能性、矯正可能性や更生可能性などの言葉が判決理由の中に出てきますが、すべて添え物に過ぎません。だから、裁判官にとっての刑罰は応報刑で、人権や適正手続といった点を重視する法律家ほど純粋応報刑主義者になりがちです。刑法学者の場合には、理論的には応報に一般予防や特別予防などを加えて刑罰論を構成しますが、応報が基本であることは変わりません。

裁判員向けのパンフレット『裁判員制度ナビゲーション（改訂版）』の中で最高裁判所は、「犯罪の被害を受けた人が、直接犯人に報復したのでは、かえって社会の秩序が乱れてしまいます。そこで、国が、このような犯罪を犯した者に対して刑罰を科すことにより、これらの重要な利益を守っています」（2頁）と刑罰の目的について記しています。被害者になり代わって罰を与えるということです。そこには、社会の中で刑罰がどのように機能しているか、刑務所の中がどうなっているのか、刑の確定後、被告人がどうなっているのかという問題意識はありません。それは裁判官の仕事ではないと考えているからです。

だから、検察官や裁判官、刑法学者の頭の中には、重い刑罰を科すほど本人が深く反省するとか、重い刑罰ほど一般社会に対しても犯罪抑止効果が高いといった漠然としたイメージしかありません。ある意味、彼らにとって、刑罰の犯罪抑止効果が科学的に検証されているかどうかはどうでもいいことなのです。応報と同じように、抑止効果がある前提で刑罰を言い渡すのが仕事で、実際に抑止効果があるかないかは彼らの仕事には関係のないことなのです。大事なことは、抑止効果があるという前提をみんなで共有していることだけです。

荻上　イタリアの場合、罪を犯した人に対していかなるケアをするべきか、という理念が背景にあるということですか。

浜井　イタリアも、憲法に刑罰の目的を更生だと規定したからといって、それがすぐに実現したわけではありませんし、応報刑的な価値観が消えたわけでもありません。憲法の理念を理想として、時間をかけて徐々にその理念を実現する仕組みをつくっていったということです。

イタリア憲法ができたのは日本国憲法とほぼ同時期ですが、憲法27条の理念を実現するため、刑事政策において本格的に更生に向けた取組みが開始されたのは1970年代です。そして、1970年代というのは、精神病院の廃止などさまざまな改革が行われた時期でもありま す。政治的には共産党とキリスト教民主党の力が拮抗し、改革を推し進めようとする共産党などの左派政党と保守勢力の中心であったカトリック教会が政治的な妥協を図ることで、さまざまな法改正が実現しました。先ほど紹介した司法省内のソーシャルサービス機関ＵＥＰＥの前身が創設されたのもこの時期です。

１９７０年代というのが、イタリアにおける包摂的な政策が実現し始めた一つの転換期でした。そして、こうした政策を実現するうえでの牽引力となったのが、１９７８年に成立し、精神病院を廃止したバザーリア法であり、その後の成功体験だと思います。

バザーリア法が作られても、すぐに精神病院がなくなったわけではありません。北部から少しずつ精神障害者の地域移行が進められました。地域移行によって多くの精神障害者の症状が改善した。それを、改革に懐疑的であった医師や看護師といった医療関係者が目の当たりにしたことが、改革をさらに推し進めていったのです。

実は、１９７８年以前のイタリアの精神病院の状況というのは、当時の日本の精神病院の状況とあまり変わらなかった。統合失調症を中心とする精神障害者の多くが、社会的な厄介者として差別され、刑務所の受刑者と同じように精神病院に隔離されていました。

人は、社会と切り離されて隔離・拘禁されると拘禁反応を起こします。人は人として尊厳をもって扱われるから人として振る舞うことができるのです。人ではなく動物のように扱われれば、尊厳を失い動物のように暴れたり、無気力になったりします。しかし、閉じ込める専門家ほどそのことに気づきにくい。気づかなければ、精神障害者だから奇異な行動をとる、やっぱり彼らを社会に出すことは危険だということになります。

私がイタリアの精神病院改革を調査していて気がついたことがもう一つあります。それは、改革前のイタリアの精神病院で起きていたことと、日本の刑務所で起きていたことがとても似ているということでした。たとえば、イタリアの当時の精神病院を描いた映画(邦題『むかしMattoの町があった』。2010年、イタリアのテレビ番組として放映された)に、患者さんが自分の排便を自分の部屋の壁に塗りたくっているような場面がありました。これは、日本の刑務所で問題受刑者がとる典型的な行動の一つです。刑務官の多くは、こうした光景を見ると、「やっぱり受刑者はとんでもないやつらだ」と考えがちで、拘禁反応だとはなかなか気づけません。精神病院や刑務所の職員も、収容されている人が暴れるから拘禁・拘束するわけですが、実は、拘禁・拘束されるから暴れるのです。こうしたことには、その世界で長年生きている専門家ほど気づけないのかもしれません。

いずれにしても、精神医療の専門家の多くが精神障害者を社会に戻すことの危険性を訴える中で、バザーリア法が成立したこと自体がすごいことだと思います。

その背景には、日本とイタリアでの法律の作り方の違いがあります。日本の場合には、法律の多くは「閣法」と呼ばれ、関係省庁が法律案を起案して内閣が国会に提出し、それを国会が議論して法律が作られます。その場合、法律案が作られる段階で、予算を含めて関係省庁の了解が得られないと法律は国会に提出できません。つまり、法律が提案している政策を実現するための予算が確保されていない法律は、ほとんど国会で可決成立する見込みはないということです。議員立法にしても、関係省庁の協力を得られなければ、事実上、穴のない条文は作りえないでしょう。日本で議員立法が少ないのはそのためです。

これに対して、イタリアは、議員立法でまず法律を作って、法律が成立した後で、少しずつ、その法律を実現させていきます。日本だとバザーリア法を成立させようと思ったら、最低でも成立から5年以内に全精神病院を廃止する具体的なプランが必要ですが、イタリアは、バザーリア法が成立して精神病院が廃止されるまで30年以上をかけています。

荻上　日本の場合ですと、政策パッケージの基本法が通ることがあれば、その理念に基づいて個別法制化が進むことはありますね。

浜井　犯罪被害者等基本法がそうですね。基本理念を示した法律を成立させ、その後の具体策を各省庁がそれぞれ所管法を改正することで理念を実現するやり方です。ただ、この場合も、基本法が作られる段階である程度は具体的な施策も方向性は決まっています。

イタリアの場合には、バザーリア法で精神病院を原則廃止することを決定することで、精神病院を建設させない、新しく患者を入院させないことを目指しました。イタリアでは、理念だけでなく具体的な政策を掲げ、そこから改革を実現化していくことが重要なのだと思います。

日本のように、実現可能性を追求したうえでないと法律が作れないとなると、官僚はできない理由ばかりを考えるようになります。日本では、官庁が特定の政策案を検討するために研究会や審議会を立ち上げますが、それらを立ち上げるということは、その政策を実現することはすでに決定しています。諸外国の調査を含めて実態調査を実施するのは、後づけの根拠づくりや微調整であることがほとんどです。だから、内発的な改革は困難で、何か特定の政策を実現しようと思うと外圧を利用することになります。

バザーリア改革は、法律成立後、30年ほどかけて、ようやく精神病院のほとんどが撤廃された。その経験が、犯罪者の更生や薬物依存症者の処遇に生かされていると思います。先ほども指摘したように、精神病院では拘禁反応を示していた患者さんたちが、地域社会に出て行った。医師や看護師は、当初問題が起きるのではないかと不安がっていたが、現実には、大きな問題はほとんど起きなかった。そして大半の患者さんは徐々に回復していったのです。そして、このような経験を目の当たりにした人たちが、それぞれの地域や領域で同じような活動を広めて行ったのです。

ちなみに浜井さんの話の中でも、「矯正」と「更生」が使い分けられていますね。両者は別の概念です。矯正は「誤りを直し正しくすること」、更生は「健全な社会生活を送れるようにすること」。どうしても人格的な「矯正」ばかりが一般的に着目されがちですが、刑務所にその機能がどの程度あるかは別として、「心でっかち」な議論ばかりでは不十分で、その後の「更生」とのシームレスな制度設計が必要となります。

個人モデルと社会モデル

荻上　障害学の分野では、「個人モデル」と「社会モデル」という区分があります。「個人モデル」というのは「医学モデル」とも呼ばれ、個人の身体に治療すべき病理があるので、それを治療やリハビリテーションによって健常者に近づけるというアプローチです。簡単に言えば、「個人を治す」モデルですね。

他方で、「社会モデル」というのは「生活モデル」とも呼ばれ、社会の仕組みに改善すべきポイントを見出し、改良するというアプローチです。こちらも単純化して、「社会を直す」モデルと言えます。

この発想で重要な点は、障害＝ハンディキャップというのは、個人の症状＝インペアメントによって決められるものではなく、結果としての能力の制限＝ディスアビリティによってもたらされるものだということ。そしてそのディスアビリティは、社会のさまざまな条件によって構築されるのだと考えるところです。たとえば、両足がなければ移動ができないのかと言えば、そうではない。両足がないというインペアメントが、移動できないというディスアビリティを直ちにつくるわけではないのです。

仮に足がなくても、車いすや義足があれば、自分の意思で移動できる人も多い。自力で車いすを操作できなくても、介助者に押してもらったり、電動車いすを使用したりすれば、やはり移動ができる。経済的な支えがなければ車いすを購入できない、介助を受けられないとあれば、公費で賄うこともできます。障害者の就労が困難であれば、法定雇用率を定めることで就業支援を進めることもできる。道路がバリアフリーであるか否か。段差などがある際に周囲の人間が合理的配慮を行うか否か。このように、技術、経済、制度など、社会環境によって、移動できないというディスアビリティ状態になるか否かが変わるわけですね。

個人モデルがいけないというわけではありませんが、これまでの歴史の中で、個人モデルばかりが注目されてきたところを、社会モデルへとパラダイムシフトさせることが重要でした。障害がある当事者の権利を回復し、さまざまな議論の場に当事者が参加することを前提とする。国連でも、"nothing about us, without us"(私たち抜きに、私たちのことを決めてはならない)というフレーズが盛んに叫ばれ、「町づくり」の場に参画させせよ、「よそ者」として排除するなと異議中立てを行ってきました。さまざまな当事者運動の結果、各地でノンステップバスやバリアフリー道路、点字ブロックや音響装置付信号機などの導入が進んできました。

犯罪学においても、障害学の考えは参考になるでしょう。単に、累犯障害者が多いというだけではありません。個人の資質に還元する議論から、社会環境に着目するパラダイム転換であるとか、被害者・加害者・家族などの当事者参加による議論、「施設から地域へ」の移行、などです。なにより、「犯罪者」となった時点のみを見るのではなく、その前、その後の各当事者の生活をシームレスに見立て、支援を行うことが重要となる。

個人モデルが好きなモラリストは、たとえば「親学」など、個人や家庭の資質に還元する議論を好みます。しかし、たとえば虐待なども、親の人格を変えずとも、親のストレスを緩和する手段、親の負担を分担する手段があれば、現状よりも減らすことができる。多忙でストレスがたまると、どんなに優しい親でも厳しく叱咤してしまうことがあるのですから。アンガーマネジメントの徹底とか、体罰の肯定で済む話ではありません。

少し話が変わるかもしれませんが、ドイツには「妊娠葛藤法」という法律があります。この法で定められたものには、「匿名出産」を可能にするいわゆる「赤ちゃんポスト」のほか、「妊娠葛藤相談所」という施設などがあります。これは、「あらゆる女性および男性」が、「妊娠に直接または間接に関わるすべての問題」について、匿名で相談を受けられるというものです。各自治体が運営する保健所およびキリスト教系団体などの民間団体が「妊娠葛藤相談所」となり、これらの相談所は、葛藤する女性に対して答えを誘導してはいけないと明記されています。

たとえば新型出生前診断を受けた後、中絶を選ぶにしても、ダウン症の子どもを産むにせよ、カウンセリングを受けられる。心のケアだけでなく、補助金などのソーシャルサービスの案内も受けられる。今後に注目が必要な試みですが、そもそも私はこうした制度は、あらゆる親に必要であると感じます。

日本の産後のケア、育児サポートは、残念ながら部分的・刹那的なものです。親は妊娠したら、病院に何度か通い、出産する。その後はすぐ退院。現代では、家に帰ったらもう、子どもと自分たちだけ。人は子どもを産めば、それだけで「親」になるわけではない。さまざまな準備や知識がなければ、「親」として振る舞いがたい。そしてこの重要なライフイベントにおいて大きな役割を果たすのは、あくまで病院という医療機関。出産・育児を医療的な行為であると捉える一方、社会的な相談基盤が弱い。これを、連続的・持続的なものへとしていくことが必要です。

障害学は、障害当事者だけでなく、万人にとって暮らしやすいソーシャルデザインを模索するものです。人は、今は困っていなくても、いずれ何かで必ず困る。困った状態でも「なんとかなる社会」というのは、誰にとっても暮らしやすい。

障害学と犯罪学の共通の課題の一つが、優生思想です。育児が個人化され、子の失敗が親へと還元されるこの社会では、産むも自己責任、育てるも自己責任ですね。制度からはじかれ、社会から排除されていった結果、犯罪へと引き寄せられる障害当事者もいる。

僕が厳罰化論議に違和感を抱くのは、「犯罪の後処理」の話しかしていないからです。未然の対応として、社会制度の不備を改善することに目が向かない。「犯罪者」という特別な人種を想定し、自分たちと切り離して考えているうちは、制度設計は進まない。犯罪に関わった人も最初はすべて赤子であり、そこに至るまでの人生と、その後の人生がある。そのことを確認し、刑事司法の対象としてのみ見るのではなく、社会福祉政策の対象として広く市民と向き合うことが第一歩となると思います。

浜井　まさに日本の刑事政策の限界はそこにあると思います。犯罪を個人の問題として考え、そして罰を与えて終わりとする。刑事政策や刑法上の刑罰論では、社会の問題という視点がほとんどないのです。これも実は縦割りの問題なのです。

私が10年前に刑法学会に入って一番驚いたのは、刑事政策は、刑事司法、刑事法の中で考えるべきことで、社会政策の問題として犯罪や犯罪対策を考えることは邪道であるという考え方です。

刑法学会の中で評価されたければ、議論は刑罰論の中ですべきとして最初から枠をはめているわけです。ある意味、刑事法学の中で理論的、そして論理的整合性さえとれていれば、それで必要かつ十分だということです。加えて、そもそも理論だけで、実証的検証を想定していないので、実効性があるかどうかは実務の話に過ぎないのです。

そもそも刑罰に何かを解決する力などありません。刑事司法は、責任(能力)があると判断した個人に対しては、自由な意思決定によって、違法と知りながら犯罪行為を行ったとものとして刑罰を科すものです。つまり、刑罰システムは、さまざまな問題を背景として発生するトラブルの中から刑法上の犯罪に当たる行為を抜き出し、その罪責を問うもの、言い換えれば、あらゆる問題を個人の規範の問題に還元して責任をとらせるものに過ぎません。これが刑罰の大前提なので、その後の犯罪者処遇ももっぱら個人に対するアプローチが中心となってしまい、社会という視点が抜け落ちてしまうのです。

イタリアの精神病院改革においても、精神病院への入院を禁ずるためには、地域社会できちんと治療や支援ができる仕組みをつくっていく必要があるので、地域ごとの精神保健サービスを充実させていきました。各地域精神保健サービスの責任者は医師であっても、カウンセラーやソーシャルワーカーも配置されています。それは、チキさんが指摘したように、個人モデルではなく、社会モデルを志向したからです。ある意味、精神病院から精神障害者を解放するということは、個人だけを治療対象としていた個人モデルから、社会環境を整えることで障害を意識せずに社会で暮らせるようにする社会モデルへの転換だったと言ってもいいのではないかと思います。

結局、精神病院から地域に戻すということは、家族のもとに帰るということになるので、当然家族の負担が増加します。地域の中で生活できるようにするためには、家族の負担を軽減するような家族に対するサポートをしていかなければ意味がありません。すぐに家族のもとに帰れない人に対しては、その前段階として、治療共同体やグループホームで生活したり、あるいはサポートを受けながら一人でアパートを借りて住むといった段階が必要となる。そういうトータルなサポートを準備していくことで、イタリアの精神医療改革は成し遂げられたのです。犯罪者処遇についても同じことが言えるだろうと思います。精神医療改革の社会モデルを参考に、イタリアの社会内処遇モデルはつくられています。

日本の刑事司法でよく対比されるのが、ジャスティス(司法)モデルとメディカル(医療)モデルです。なぜ、その二つしかないのか。先ほど指摘したように、刑事司法は、システムとして犯罪をすべて個人の規範意識の問題に還元して対処します。犯罪者は普通の人でその自由な意思決定によって悪いことをしたのだから罰を与えるという考え方(ジャスティスモデル)か、普通の人でなければ治療が必要という考え方(メディカルモデル)のいずれかになる。

つまり、先ほど言われたような、刑事法の世界には社会的な生活モデル的考え方がそもそも欠如しているのです。加えて、法律家が社会モデルを避けようとする背景には、人権意識を基盤とし、個人の自由意思や自己決定に対する強いこだわりがあります。できるだけ個人の自由意思と自由な意思決定を尊重するという考え方です。これに強く縛られるので、社会モデルは、それを阻害する余計なおせっかい、彼らの言葉で「行き過ぎたパターナリズム」につながってしまうのです。法律家の想定する人間像はとても強くて自立した個人です。だから、人権派といわれる人ほど、刑罰は行った行為に対する責任をとらせればいいのであり、刑罰の執行にあたって改善指導や教育などは余計なおせっかいだから不要という純粋応報刑論者になりがちです。

ただ、罪を犯した人たちは、社会的に困っているから犯罪に走ることがほとんどです。犯罪という問題を解決したいのであれば、困っている原因を取り除く、あるいは困らない状態に移行する手助けをするという発想が必要です。これは個人を改善しようとする矯正とは別物です。ジャスティスモデルとメディカルモデルのどちらかということになると、それに対処する専門家として、前者では法律家、後者では医者ということになる。それ以外の専門家が育たない点に日本の問題があります。

荻上　それは実質、丸投げですよね。

浜井　ここでも縦割りなのです。規範意識の問題なのか、病気なのかといった二者択一です。ジャスティスモデルなら法律家の問題となり、メディカルモデルなら医師の問題となる。でも多くの犯罪の場合、どちらの専門家も問題を解決することはできません。犯罪の多くにおいて、本人だけでなく、家族ぐるみで困っている、あるいは家族全体が社会から孤立していることがよく見られます。そんなときに、本人だけを対象にして治療したり、刑罰を与えても問題の解決にはなりません。家族に何の問題もない非行少年はいません。家族全体を地域社会との関係性の中でトータルにケアしなければ、本当の問題解決策も生まれてこないのです。

荻上

重大事件に目を奪われるのではなく

目指すべき方向性について、いろんな人がいろんな名前をつけている段階ですよね。インクルーシブデザイン、包摂社会とか、社会モデル・生活モデル。言っている方向は一致していると思いますが、総じて、ジャスティスモデルでもなく、メディカルモデルでもない、第三の道としての「ライフモデル」(生活モデル)が求められているのだと言えるでしょう。

ところで、こういう話をすると、だいたい3種類くらいの反応があります。

まずは、理想ばかり言っていて現実的ではない、というもの。しかしすでに実例はいくつもあり、必ずしも突拍子もないことでない。むしろこれまでのほうが当てずっぽうでやってきた面がある。それを改良しなくてはならない。

次によく言われるのが、お金がかかるでしょう、というもの。予算はどうするのと聞かれる。これはとても大事な論点です。ただし、刑事司法の場合は、すでに予算が割かれて、それに対して厳罰化で予算拡大するのか、別のモデルの場合はトータルでどれくらいの予算がかかり、効果が出せるのかが問われる。また、ライフモデルは、人権と功利を共存させるビジョンでもあるので、より犯罪に巻き込まれないようにするという保険としての考え方、これまで制限されてきた権利を拡充するための必要経費であるという考え方もとれる。

3つめは、レアな反応だけれども、快楽殺人など、ライフモデルが通用しないケースがあるのではないか、というもの。快楽殺人はレアだから報道されているのであって、大半の犯罪は事情に誘引された犯罪とも言うべきものですが、今の知見で言語化しにくいからといって、対応できない事例であるとは言えないでしょうね。

浜井　残念なことですが、新たな刑事立法などが検討されるときというのは、だいたい悲劇的で大きな事件が起きたときです。チキさんが「トラウマ型立法」と指摘したケースです。これが、刑事政策がおかしな方向に走る大きな原因でもあります。これまでにも指摘してきたように、日本の殺人はどんどん減少しています。日本は今や、人類史上最も他人から殺されるリスクの少ない社会です。しかも、殺人のほとんどは親族や知人によって行われるため、マスコミが大騒ぎをするような事件はめったに起きない例外的な犯罪です。

つまり、マスコミが大騒ぎをする事件をきっかけに対策を考えるということは、めったに起きないような凶悪事件を想定して対策が立てられることになります。これは、例外的事象を対象に一般法則を考えることになります。その場合、そもそも何年かに一度しか想定された犯罪は起きませんし、もし厳罰化という方向で一般法則を変えてしまうと、改正時に想定されていない一般的な犯罪に厳罰化が適用されることになります。厳罰化が刑務所を養護施設化したのはこの典型例です。

一般法則を変える際には、最も多く発生する一般的な犯罪を対象とすべきです。受刑者支援が話題となる際に、多くの人が犯罪被害者のことを忘れてはいけないと言います。でも、そこで想定されている犯罪被害者とは、万引きや無銭飲食の被害者のことなのでしょうか。そこで想定されている犯罪者は、覚せい剤の依存症者なのでしょうか。私たちは、知らず知らずのうちに、犯罪被害者といえば遺族や性犯罪被害者のことをイメージしていないでしょうか。もちろん、重大な事件の被害者には特別な支援が必要なことは言うまでもありません。しかし、刑事政策全体として刑罰のあり方を考えるのであれば、大多数の一般的な犯罪の被害者の声にもっと耳を傾けるべきだと思います。今の刑事政策の状況を見ていると、重大事件の被害者遺族の声だけが聞こえてきて、窃盗など小さな事件の被害者の声がほとんど聞こえてきません。

日本では、犯罪者に対して自分たちとは違う世界の住人としてイメージしがちです。自分は犯罪などしない、だから刑罰を自分の問題として考えることができないのです。しかし、刑務所にいる人たちの大半は、もともと私たちとなんら変わるところのない普通の人たちです。刑罰を含む刑事政策を考えるにあたっては、まず自分たちの問題だという理解が必要です。

その意味で、裁判員裁判が重大犯罪のみを対象としているのはとても残念に思っています。加えて、被害者や加害者は当事者ですが、当事者だけに客観的な視点から冷静に刑罰を考えることはできません。被害者でもない、加害者でもない人たちだからこそ冷静に考えることができるのであり、今の日本の刑事政策には最も欠けているのはそうした視点だと思います。

チキさんの指摘に戻ると、私が、講演や講義などでエビデンスに基づいた犯罪対策や食品の万引きなど軽微な犯罪を繰り返す高齢・障害者に焦点を当てた話をするのは、それが市民に受け入れやすい話だからです。監視カメラよりも街灯を明るくするほうが、安くて効果が高く、人にも町にも優しい。お弁当を盗んだ人を刑務所に入れるよりも、福祉的に支援したほうが、安くて再犯率も低い。刑務所に入れると1年間で300万円近くの税金が使われることを知ってもらう。しかも、その対象となっているのは、生活困窮や孤立した高齢者や障害者です。そういうことを知ってもらえれば、多くの人が身近な問題として聞いてくれる。

本当は、重大事件を犯した人の再犯防止策も同じなのですが、そこも一緒に議論するとかなり多くの人が拒否反応を示します。私は、私の主張に誰も耳を傾けてくれなかった「治安悪化と厳罰化」の時代を知っているだけに、犯罪や刑罰を自分たちの問題として考えてもらうには、きちんと事実を知ってもらうためには、お金の話を含めてわかりやすく、一般の人が受け入れ可能な身近な犯罪から始めることが必要かなと考えています。

荻上　議論の枠組みによって、同じ人間を語っているにもかかわらず、「同情係数」が変わるんですよね。大多数の人たちは、犯罪問題の専門家ではありません。メディアから与えられたトラウマをいかに物語的に修復するのかということになる。そこでは、自分たちは、何が効果的と「思う」か、ということが重視されてきました。でも、結局は、そのことでトラウマはなくならない。同じことが繰り返される悪循環なんです。

誰もが困っている、誰もが助けを求めている

浜井　その意味で、まずはメディアにいる人たちの意識改革が重要だと考えています。取材を受けていて思うのは、彼ら自身が、市民と同じ目線で犯罪や刑罰を見ています。だから、多くの記者は不祥事以外に刑務所の問題に関心はない。この点から変えていく、つまり犯罪や刑罰についてもっと正しい知識を持ってもらう必要があります。だから、時間はとられるのですが、まじめな取材にはできるだけ応じるようにしていますし、時間をかけて背景事情から説明するようにしています。

まず彼らに理解してほしいのは、犯罪者の多くは、犯罪によって人や社会を困らせている人たちですが、一番困っているのは実は彼ら自身だということです。最近の高齢者犯罪がそうですが、犯罪は、さまざまな困難が積み重なって万事休すとなった人たちの最後の選択肢の一つです。居場所を失って孤立した高齢者にとって、とることのできる選択肢は、生活保護などの福祉的支援を受けるか、ホームレスになるか、自殺するか、罪を犯して刑務所に行くかしかありません。福祉的支援を受けることのできる人は、そもそも支援してくれる人が周囲にいるか、福祉についての知識があるか、窓口担当者を説得できる能力のある人に限られます。

刑務所には、ホームレスや自殺は嫌だから刑務所に来たという人がいます。ホームレス、自

殺、犯罪のどの選択肢を選ぶかには個人のモラルが関わってきますが、そもそも、それ以外の選択肢があれば、自由を奪われ、冬には暖房も入らないような刑務所に入りたいなどと思う人はいないわけです。現実に、ノルウェーの刑務所はバストイレ、もちろん暖房付きの豪華な居室ですが、誰も刑務所に戻りたいといって罪を犯して帰ってくる受刑者はいないそうです。メディア関係者がそうした視点から犯罪や刑罰を捉えることができれば、報道の中身も少しずつ変わり、そこからメッセージを受け取る市民の意識も変わっていくのではないでしょうか。

先日、NHKがごみ屋敷の住民に対するコミュニティーソーシャルワーカーの取組みを紹介していました（「地域の絆で、〝無縁〟を包む――コミュニティーソーシャルワーカー・勝部麗子」プロフェッショナル――仕事の流儀・2014年7月7日放送）。ごみ屋敷も、地域住民の立場に立てば迷惑な困った存在です。でも、一番困っているのは、ごみ屋敷の住人自身なのです。好き好んでごみ屋敷に住みたい人はいません。精神障害、失業、家族や友人との絶縁など、なんらかの原因で問題解決能力を失った人がごみ屋敷をつくり出します。

共通しているのは孤立です。行政が強制執行してごみを片づけたとしても、本人の困っている状態は本質的に解決していない。だから、また同じことが繰り返される。コミュニティーソーシャルワーカーとは、見守り・発見・つなぎによるセーフティネット体制づくりを目指します。

まず、ごみ屋敷の住民を発見し、コミュニケーションをとる。ごみを少しずつ片づけるように支援する。そうすると、地域住民が少しずつ関心をもって関わりを持つようになり、片づけを手伝う人が出てくるようになる。そして、周囲から心配されていることを実感することで、ごみ屋敷の住民の自尊感情が回復し、人に迷惑をかけないようにしたいという思いが芽生え、自分もごみを片づけようとする。そうした姿勢を見て、まわりの人も手助けに積極的になる。こうなると、ごみ屋敷問題を解決する好循環が生まれてくるのです。

番組で強調されていたのは、困った人は、困っている人。一人ひとりの出口づくり。「あなたを気にしている人がここにいます」というメッセージを届け続ける。これは、罪を犯した人の更生支援と同じです。日本の最大の問題は、この困った人の困った行為が犯罪というカテゴリーに入り、警察沙汰になった瞬間から自分たち地域の問題という視点がなくなってしまうことです。

荻上　累犯障害の話をすると、発達障害や精神障害そのものを、潜在的な犯罪者予備軍として見る議論が出てしまいます。仮に一定の傾向があるとして、しかしそれも、先の障害学の議論のように、なぜ特定の条件を持つ人を犯罪に追い込みやすい仕組みが社会に放置されているのかを問うべきです。本来であれば、年齢をとってからの治療や養育というのは、より難しくなるので、その前にさまざまな環境をつくっていくことが必要なのですが。

浜井

発達障害についてはまさにそのとおりですね。発達障害を持つ少年による殺人事件などが時折世間を騒がせますが、彼らの多くは事件をきっかけに発達障害という診断を受けています。周囲が、発達障害だということを理解して、本人たちが障害を意識せずに暮らせれば、彼らは決して犯罪者にはなりません。

発達障害が事件の背景になってしまうのは、周囲が障害に気づかず、「協調性がない」、「わがまま」など本人を非難するような対応をし続けた結果、強い被害感を持つようになるなどの二次障害の結果です。つまり、発達障害の特徴が障害となるかどうかは、周囲次第ということです。その意味でも、早い段階で障害に周囲が気づくことが大切だと思います。

犯罪や迷惑行為に対しては、不安や不快といった感情からスタートするので、相手を知ろうとせずにモンスター化してしまいがちです。まずは、相手を正しく理解することからスタートする必要があります。その人がまわりを困らせている異質なモンスターという発想から、その人も私たちと同じ人間で困っているという発想への転換が必要なんだと思います。

自分が困っているときには、誰かに助けてほしい。自分が人にやさしくなれば、人も自分にやさしくなるという好循環に気がつくべきです。先ほど保険と言われましたが、そういうものではないでしょうか。相手が同じ人間だということに気づけば、お互い様という発想も生まれるはずです。

荻上　ただ、安易な犯罪報道では、「発達障害〈だから〉罪を犯した」というようなラベリングがなされかねません。ネット社会でも、空気が読めない人をひっくるめて「アスペ」扱いする傾向がありますが、そうしたコミュニケーションが当事者への理解を妨げることが懸念されます。

浜井　自戒を込めてそう思います。周囲の人が発達障害を正しく理解すること。そして、適切に対応する。つまり、障害をもつ人たちが、障害によって困らない環境をつくり出すことができれば、障害は障害でなくなります。

荻上　ある特性に統計的傾向が見出せることと、それが人生に宿命的な意味を持つかどうかは別ですから。

浜井　発達障害が問題なのは、周囲の無理解によって、障害を持つ人たちが困った状況に陥ることです。本人たちが困っているから、二次障害が起きて、周囲を困らせるようになることを理解すべきですよね。

日本では、発達障害と聞くとどうしても治療対象になる。でも、発達障害とは、治療対象ではなくて、まわりがきちんと配慮すれば、困らない状態をつくっていけば、障害ですらない。ちゃんと生活していける。そういう人はたくさんいる。環境によっては、立派な成果を上げている大学の先生とかもいるわけですよ。

荻上　放置すると障害によっては悪化します。幼い頃から、周囲がサポートできるような仕組みになってきたことは大きな意味を持ちます。行動療法やＳＳＴ（ソーシャルスキルトレーニング）といったものは、個人を鍛えればよいという発想ではありません。社会と個人をつなぐ役割が重要なんですね。

浜井　それは発達障害の人に限らず、犯罪者も含めて、あらゆる困っている人に当てはまると思います。

彼らが社会に適応できるようにスキルを身につけてもらうことは、彼ら自身がさまざまな状況で生きていける可能性を高めるという意味で重要です。彼らに問題があるからそれを修正してもらうという発想になって、問題の所在を困っている本人に還元したのでは、本末転倒だと思います。彼らが困らない状況をつくってあげれば、問題行動は収まる。

ストーカー犯罪もそうではないでしょうか。ストーカーが幸せになって、現状に満足すればストーカー行為は収束します。

日本の罪と罰をめぐって何をどう変えるか

荻上

メディアをどう変えるか

これまで浜井さんとは、マクロな犯罪統計を確認しながら、再犯防止のためには、罪を犯した人への寄り添い、雇用の確保、生活保護といったミクロ的なサポートの積み重ねが重要だという話をしました。今後は、個別の成功例を拡大しつつ、刑事司法のかたちを変えることが求められます。そして、それを観察するために統計をちゃんととる、新たな社会モデルのためのコンセンサスをとるといったことが課題となります。

最後に、僕はメディアに関わる人間なので、メディアをどう変えるかを重視します。社会イメージを形成するうえで、メディアの役割は重要です。多くの報道は、属人的な理由で変化したりする。そうした現場へと、専門知のフィードバックを行うことが重要です。

もともと、司法の問題については、特殊な問題ばかりがお祭り的に報道され、テクニカルな問題はなかなか取り上げられにくい。事件報道には力を入れますが、司法に関する報道は、大事件以外には着目しない。制度上の問題に至っては、潜在的に興味がある国民の数は、せいぜい数十万人規模でしょうか。刑事司法に関わる人、報じる人の意識が変わることで、こうした問題の語られ方が変わっていくことを願います。

浜井　マスメディアと市民との問題は、鶏と卵の問題だったりします。記者などメディア関係者が賢くなって市民が社会を考えるうえで必要な情報を正確に提供し、賢い視聴者を育てるのが先か、それとも賢い視聴者を育てることで、賢い視聴者を満足させられるような報道を促すのが先かという問題です。

おそらく、その両方が必要なのだと思います。先日、ノルウェーのジャーナリスト協会の人にインタビューをしたのですが、ジャーナリストという職業の専門性が日本よりもはるかに高く、職業共同体としての横のつながりも強い。だから、職業倫理に対する意識も高い印象を受けました。

私は、役人時代も大学教員になってからも報道関係者とつきあいがありますが、彼らは良くも悪くもジャーナリストである前に○○新聞の記者、○○テレビ局のディレクターで、役人と同じように専門職である前に会社員、つまり組織人です。

ノルウェーでは、専門職に就くためにはその専門性に合った学位を取得する必要がありますが、日本はとりあえず法学部を出た人を採用して社内で教育していくかたちをとります。だからアイデンティティは会社員なんです。このあたりは、社員記者や社員ディレクターとフリーの人や番組制作会社のディレクターと話していても、両者の違いを感じます。社員じゃない人のほうがしっかり勉強していますし、プロ意識が高い印象を持っています。

あと、犯罪報道に関してですが、日本ではドラマ性の高い事件だけが注目され、一般的な犯罪に対して関心が持たれない理由の一つは、多くの人にとって犯罪が深刻な問題ではないということが影響していると思います。私も自宅の駐輪場から自転車を盗まれたり、自宅が空き巣に入られたり、車上狙いに車の窓ガラスを壊されたりなどなど、犯罪被害に遭ったことがあります。これは一般の人よりも多いほうかもしれません。日本は、他国と比較して圧倒的に重大犯罪が少ないので、子どもが狙われるような重大事件が起きると漠然とした不安感が高まりますが、漠然とした不安は熱しやすく冷めやすい。多くの人にとって、犯罪はさほど身近な問題ではないんです。だから、犯罪に関する本は出版社の人が期待するほど売れません。

メディア関係者の質に話を戻すと、前にも言いましたが、私は、新聞記者などのメディア関係者に対して正しい情報を提供することはとても重要だと思っています。だから、忙しいときの電話取材やインタビュー取材は負担なのですが、できるだけ応じるようにしています。というのも、未だに社会部の記者やテレビのディレクターの中に、犯罪が減っているとか、刑務所が養護施設化していると言うと「初めて聞きました」、「犯罪って減っているんですか!」と言う人がたくさんいます。コメントとして採用されなくても、正しい情報を提供することで記事の方向性を変えることはできます。ただ、見出しをつけるのは取材に来ないデスクだったりするので、おかしな見出しがつくのを止めるのは難しいですが。

実際に、仮釈放中の人の重大再犯のときに、仮釈放が再犯リスクを下げる役割を果たしていること、仮釈放にしたことだけを批判すると、受刑者の多くが満期釈放になり、何の指導監督もないままに社会に戻ってくるので再犯率が悪化する可能性があることなどを、取材に来たすべての記者に説明して、報道が少し変わったなと実感したことがありました。そういう努力って大事だなと思います。

荻上　専門家の方がよく「学部の教科書レベル」といった揶揄を用いることがありますが、「学部の教科書レベル」の専門知に触れているのは、それぞれの分野ごとに考えてみると、人口の1％にも満たないわけですね。なので、「専門知の共有されなさ」を舐めてはいけません(笑)。犯罪報道については、警察の記者レクによって現状のようなことになっているので、専門知を世間に浸透するためのメディアづくりはこれからも重要ですし、専門家のコミットメントも求められます。

浜井　他国と日本を比べたときに、犯罪や刑罰を科学的に研究する犯罪学部を持っていないのは、おそらく日本だけです。私を含めて、現在、日本で活躍している犯罪学の研究者は、外国で方法論を勉強してきて、日本のデータを使って研究をしています。

犯罪学の専門家は、日本には極めて少数です。日本の場合、政府の犯罪対策の研究会などに呼ばれる専門家と言えば、法学者を含む法律家か医師のどちらかです。だから、犯罪者本人だけにターゲットを絞ったジャスティスモデルかメディカルモデルからの発想しか出てこない。そもそも、法律家も医師も犯罪研究の専門家ではありませんし、そうした訓練も受けていません。だから、ほとんどの政府系研究会では、事務局が作った統計資料などについて説明があり、それを前提に議論が進んでいきます。本当の意味での専門家が参加していないので、事務局作成の統計資料やその解釈そのものの真偽から議論がスタートすることはありません。国の審議会、委員会、あるいは研究会は、いずこも同じだと思います。原子力安全委員会が福島原発事故を予見できなかった原因も、このあたりにあるのではないでしょうか。政府の研究会や審議会、諮問委員会などに入っている専門家委員は、政府と利害を共有している人たちが選ばれます。

RCTと呼ばれる無作為抽出実験を頂点とするエビデンスに基づいた政策という観点から見れば、専門家の意見というのはエビデンスではありません。日本では専門家の役割は政府が決めたことにお墨付きを与えることなので、日本での二大国家資格である法曹と医師から選んでおけばいいということになりがち、というか、日本ではそれ以外の専門家が育ちにくい風土があるのかもしれません。

テレビ番組も同じで、コメンテーターとして本当の意味での専門家が求められていないのかもしれません。

民主党政権のときに、「今後のICT分野における国民の権利保障等のあり方を考えるフォーラム」という委員会がつくられ、そこの委員になったことがあります。当時、民主党の原口一博総務大臣が、国民の知る権利を守るためにつくったフォーラムですが、議題の一つには、不正確だったり、偏っていたりする報道を是正するための方法について検討することも含まれていました。当時のNHK会長やソフトバンクの孫会長などがオブザーバーとして参加し、構成員には弁護士の郷原信郎さん、現在の神奈川県知事の黒岩祐治さんやホリプロの社長などがいました。

番組を作る立場の人、メディアを研究する人などいろんな立場で議論しましたが、行き過ぎた報道などをチェックするために、政府から独立した監視委員会をつくってはどうかという提案がありました。現在あるBPO(放送倫理・番組向上機構)のような自主規制機関ではなく、国家が強制介入できるような強い権限を持った独立行政機関をつくろうというわけです。

しかし、これはこれで政府にとって都合の悪い報道を規制する危険性があります。政府から独立させても、そこで働く人たちは各官庁からの出向組の役人で構成されるのは間違いないので、いくら犯罪報道においてマスコミ批判をしている私でも、この提案には賛同できません。

そこで私が主張したのは、国民の知る権利を守って、メディアを正しい報道に導く最善の方法は、賢い視聴者をつくることだということです。そのためには、メディアリテラシー教育をきちっとする必要がある。

この点でもスウェーデンなどの北欧は進んでいます。スウェーデンの中学の教科書(邦訳『あなた自身の社会――スウェーデンの中学教科書』新評論・1997年)では、第1章が法律と権利なのですが、模擬裁判ばかりやっている日本の法教育とは違い、具体的な節としては、私たちの法律、犯罪、警察、刑務所、裁判所、無益な暴力、犯罪者の更生施設と続きます。その中身は、私が大学で教えているような犯罪統計、刑務所や受刑者の実情、なぜ、何のために、そしてどのように犯罪者を罰するのか、犯罪者や被害者の実情についても統計や事例を使って具体的に考えさせる内容となっています。

こうした教育を受けた市民に対して今の日本のような犯罪報道をすれば、視聴者が批判するはずです。日本でも最近法教育の動きが盛んですが、担当しているのが日本の法律家なので、教える内容も法学入門や模擬裁判になってしまいがちで、そもそも法律はどうして必要で、刑罰やその執行を担っている刑務所はどうあるべきかといった本当の意味での法教育が行われていないのも問題だと思います。裁判手続きに詳しくなっても、それは裁判手続き教育であって法教育ではありません。

また、北欧諸国を見ると、マスコミ報道に対してオンブズマンの制度がある。メディアリテラシー教育を受けた市民がメディアと一緒に番組の作り方を議論しながら、検証している。だから、日本のワイドショーのように、キャスターとコメンテーターが、罪を犯したり不祥事を起こしたりした人をつるし上げ、視聴者と一緒になって袋だたきにするような番組が作られることはないわけです。

ただし、総務省のフォーラムでそういうことを主張しても、メディアリテラシーの問題は文部科学省の問題ですからと取り上げてもらえないわけです。ここでも縦割りで、議論は深まらないわけです。評論家の上杉隆さんも構成員で、記者クラブの問題を提起するのですが、それも総務省の所管ではないということで取り上げられませんでした。そういう問題を議論するためには、内閣府に審議会をつくらないといけないよね、という話になるわけです。

ジャーナリズム教育をどうするか、という問題もあります。この分野では、セオリーとOJTとの間に大きな溝があります。大学ではメディア史などは学びますが、実際の現場で「役立つ」わけではなく、夜一朝駆け・サツ回りから始まる。「役立つ」わけではないから、セオリーが軽視され、信じられない誤報が起きたりもする。

テレビの犯罪報道については、芸能報道の文法が活かされていて、群像劇として消費されていますね。当事者たちの相関図を使ったり、誰にアリバイがあるのか、動機があるのかといった「プロファイリングごっこ」のようなことが行われたり。そうした犯罪報道は、警察情報をもとに行っているわけですから、ジャーナリズムとしては問題がある。

明日からできることで一点、メディアに提言するとすれば、加害者の精神状態について、警察発表の情報だけで専門家コメントをもらうのをやめろと言いたいです。捜査段階での発言というのは、メディアには要約された仕方で文脈から切り離されて伝わるんですね。「人を殺してみたかった」、「誰でもよかった」といったやつです。警察が「これがキーワードだ」と解釈したコメントを発表し、それをメディアがさらに解釈したものを、精神科医が診断せずに解釈するという質の悪い伝言ゲームに、情報価値はありません。本人に会ってもいないのに鑑定するというのは、学者や科学者としては絶対にやってはいけないことです。

浜井　個別の事件について発生直後に犯人像をコメントする人がいますが、あれは、同じ研究者として不思議でしょうがありません。なんでコメントできるんだろう。重大事件が起きると私のところにもコメントを求める電話が来ますが、会ってもいない人について、コメントはできない。

私が刑事司法の世界に入って一番驚いたのが、警察の調書などの事件資料と、目の前に現れた加害者のギャップです。資料から想像したのとはまったく違う人間が目の前にいる。第一印象は、あんな凶悪な事件を本当にこの人がやったのかということです。かなり多くの殺人犯と会いましたが、イメージどおりだった人はいません。1990年に女児が殺害された足利事件でも、調書をもとにして逮捕された菅家利和さんが小児性愛者であるという精神鑑定が裁判所に提出され、DNA鑑定とともに有罪の根拠の一つになっています。そして20年後に最新の技術でＤＮＡの再鑑定が行われ、菅家さんが犯人ではなかったことが立証されたのです。同時に精神鑑定も間違っていたことがわかったわけです。
本人とじっくり面接したうえで心理テストをとる精神鑑定でさえこうですから、会ってもいない被疑者について新聞報道だけでコメントするなど、占い師ではないのですから、専門家としては自殺行為です。

荻上　実際に取材した場合や、制度設計が問われるケースでない限り、事件報道にはコメントしないと僕は決めています。本来は、取材を受ける側が自重するまでもなく、記者がそういう人にコメント取りに行かなければいいのだけれども。

浜井　コメントがなくても記事は成立するわけですからね。

司法の実務家をどう変えるか

浜井　メディアの人だけでなく、刑事司法に関わる実務家も変わるべきところはいっぱいあります。ただ、最近実務家にも少しずつですが変化が見られるようになったと、私は評価しています。まだまだ改革派のほんの一部の弁護士さん限定ではありますが、少し変化の兆しがあります。

刑事弁護をやっていた弁護士たちは、これまで犯罪者の更生にはあまり関心がなかった。判決の確定までしか関わらないというのが当たり前だった。

しかし、最近、各地の弁護士会で更生を視野に入れた弁護活動についての勉強会が開かれるようになりました。弁護士が法廷や刑事手続きだけでなく被疑者や被告人をトータルにケアしなければ、どれだけ良い弁護をしても罪を繰り返させるだけだということに、少しずつ気づく弁護士が増えています。別に、私は弁護士にすべて面倒をみろと言っているわけではありません。執行猶予になったホームレスの被告人を、生活保護の窓口まで付き添って福祉につなぐだけで、状況は大きく変わるはずです。

大切なのは、自分たちが弁護した人たちのその後に関心を持ち、必要なサービスにつなぐ努力をすることです。それは本来、社会正義の実現を目標にしている弁護士にとっては当然のことなのですが、まだまだ、弁護士が関わるべきは刑事手続きの中だけだと思っている弁護士がたくさんいるのはとても残念なことです。

必要なことは、自分が弁護した人を福祉につなぐということによって、何が変わるのかを具体的にイメージできるようになることです。私は弁護士会主催の研修会で講義することも少なくないのですが、できるだけ具体的な更生のイメージが持てるように心がけています。弁護士が福祉につなぐことで何が変わるのかを理解し、実体験を積み上げることで、更生を視野に入れる弁護士が増えてくるのではないでしょうか。

荻上　出所後の、弁護士やソーシャルワーカーのニーズはありますね。国選弁護人が生活保護申請に同行したり、ソーシャルワーカーとつなげたり。民間レベルでの事例はあるので、予算化していくことも重要ですね。

浜井　縦割りの中で自分の殻の中にこもるのではなく、ちょっとした想像力を使うことです。自分は何のために刑事弁護をしているのか、判決後この人はどうなるのか、自分にできることはないのか、少しだけ考えてみることです。

現在、累犯高齢・障害者に対して、さまざまな支援のあり方が検討されていますが、何か大きな法改正をしなくても、司法や福祉関係者がほんの少し意識改革をするだけでできることはたくさんあると思います。まず気づくこと。そしてそれを自分の問題だと思ってもらうことがなによりも必要なことです。

荻上　問題に言葉を与えるだけで、知覚される問題というのはたくさんある。懲罰主義に偏り、犯罪者の各人の生活モデルに寄り添ったかたちになっていない日本の現状は、あらゆるミッションを果たすうえで不合理で、被害者も満足していないんですよね。

浜井　誰も得していないですね。また、つなぐといっても、正しい専門家につなぐことも大切です。たとえば、認知症の人を刑務所や精神病院に入れてしまうとか、本末転倒なことが行われている。刑事司法で扱っている人たちの多くは、本来刑事司法で扱う人たちではないんです。

そして、すべての人に考えてほしいこと

荻上　ここまで、メディアそして司法の実務家がどう変わるべきかを話してきましたが、最後に、この社会のすべての人が何をどう考えていくべきかをまとめておきたいと思います。

僕は、問題解決策は、一発で効くような特効薬はなくて、複合的な秩序を組み替えていくという作業なので、動かしながら、複数のものを組み替えていくというような複眼的・鳥瞰的な眼差しが欠けてはいけない、人々の人権意識を変えるためには、教育の力も必要だけど、それだけでなく慣れだと思っていて、当たり前になってから2世代くらい変わると浸透すると思っています。

浜井　現在のノルウェー刑事政策の礎をつくった犯罪学者のニルス・クリスティは、刑罰やその執行を法律家だけに任せることの危険性を次のように述べています（立山龍彦訳『刑罰の限界』新有堂・1987年）。

「法のトレーニングとは単純化のトレーニングである。それはある状況ですべての価値を見ないようにし、その代わりに法律的に関連性のある価値だけ、すなわち、システム内で関連性のある価値だと権威（資格を有した法曹のこと）たちによって規定されたものだけを選別する、訓練された無能である。（刑事法学における）新古典主義はこうした排除過程の論理的延長でしかない。全体のうちのごくわずかな要素が考慮され、その結果、完全な平等が保証されている。しかし、それは単純化を通じた原始的なシステムである。」（原文をもとに発言者が訳したもの）

法律家の考える刑事司法とは、被害者、加害者や地域を巻き込んだ犯罪という現象の中から、刑法上の構成要件に該当する行為を抽出し、その行為をなした個人に責任に負わせることです。法律家は、クリスティの指摘した法的思考の訓練を徹底的に受けます。

そして、それは、司法試験の受験から始まっているのです。たとえば、刑法の問題に次のような問題があります。

「リーマンショックの影響で失職した元サラリーマンのXは、所持金も底をつき、この2日間、何も食べていなかった。ふと、空腹に耐えられなくなったXは、近くにあった蕎麦屋に入り、女性店員Aに天ぷら定食とビールを注文した。一見してサラリーマン風のXを見たAは、何の疑いも持たずに注文を受けた。Xは、空腹を満たすため天ぷら定食を一気にたいらげ、ビールも飲みほし、立ち上がって、店を出ようとした。レジの前にいた店員Aは、『お客さん、1200円になります』と言って代金を請求した。そのときXは、咄嗟に代金の支払いを免れようと思い、テーブルの上に置かれていたビール瓶を掴み、Aの頭部めがけて振り下ろした。Aが驚いて逃げ出したため、Xは空振りし、ビール瓶はレジに叩きつけられて割れた。その場から逃げようと考えたXは、店主Bめがけて割れたビール瓶を投げつけ、Bに怪我を負わせた。」

この事例を読ませて、Xの罪責を問うのです。答えですが、まず、人を欺いて財物（てんぷら定食とビール）を交付させ、財産上不法の利益を得たことになるので、飲食した段階で詐欺罪が成立します。加えて、「お客さん、1200円になります」と言って代金を請求されたことに対して、反抗を抑圧するに足りる程度の暴行・脅迫（ビール瓶で殴りかかり、割れたビールを投げつけた）によって、この請求を免れ、財産上不法の利益を自分で得たことになるので強盗罪が成立します。しかも、店主が投げつけられたビール瓶で傷害を負っているので強盗致傷罪が成立することになります。

この問題を解くのに、リーマンショックの影響で失職した元サラリーマンのXは、所持金も底をつき、この2日間、何も食べていなかったという情報は必要ありません。司法試験に合格するためには、こうした不要な情報は、事例を読みながら自動的に頭から消し去ることができるようになるのが望ましい。不要な情報に囚われてしまっては、刑法の解答としては間違った答えに行き着く危険性があります。

重要なことは、刑法の罪責に関する情報だけをハイライトして関係のない情報は捨て去ることです。法律家は日々こうした思考を訓練します。こうした思考によって、公平に罰を与えることができると法律家は考えるのです。

クリスティは、こうした法律家の間だけで通用する単純化の思考では、何の問題も解決できないと主張しているのです。犯罪の多くは、地域社会の中で起きます。被害者も加害者も同じ地域の住人であることがほとんどです。だから、問題を解決するためには、被害者と加害者と地域社会の関係性の中で考え、解決策を模索する必要があるとクリスティは考えます。

しかし、法律家は、加害者の罪責のみに関心があるため、罪責に関係のない情報は無視されてしまいます。だからこそクリスティは、法律家に任せると地域で問題を解決するために本当に必要な情報が切り捨てられるので、裁判に一般市民が加わることの必要性を主張したのです。

ノルウェーの刑罰はもともと寛容だったわけではありません。ノルウェーには参審員という制度があり、一般市民から選ばれた参審員が4年の任期で裁判官と共に裁判に従事します。参審員は、軽微な事件の裁判も担当します。そのほかノルウェーの刑事司法の中には、市民が参加する制度がいろいろあります。市民が刑事司法に参加することで、罪と罰を抽象的な概念としてではなく、現実の市民と社会との問題として捉えることができるようになったのです。

そこで共有されているのは、罪を犯す人は私たちと同じ人間である、受刑者は私たちの隣人として必ず地域社会に戻ってくる、その前提で刑罰はどうあるべきかを考えなくてはならないということです。また、ノルウェーでは、18歳未満の少年や55歳以上の者が軽微な犯罪を起こし、その背景に家庭問題や孤立・生活困窮といった問題があった場合には、警察や検察から児童福祉や高齢者福祉に引き継がれ刑事裁判手続きから外されます。それは、刑罰で解決できないような問題は、解決能力を持った機関に引き継がれるからです。

重要なことは、ノルウェーの人々がこうしたやり方に納得しているということです。先述の刑事司法に対する信頼調査では、ノルウェーの刑事司法に対する信頼は、日本よりはるかに高い結果となりました。

また、同じ北欧のフィンランドのタピオ・ラッピ-ゼッパーラ博士は、人口10万人当たりの受刑者で表される受刑者率は所得格差が大きくなるほど増大することや、国家予算に占める福祉予算比率が低下するほど増大することを見出し、社会的弱者に対して手厚い支援のある国ほど受刑者率が低いことを確認しています。刑事政策は、社会政策の一つだということです。

持続可能な再犯防止には、立ち直りが不可欠です。立ち直りを支援するためには、司法や福祉といった異なる機関の連携が不可欠です。そして、縦割り社会である日本社会においては、司法と福祉の連携などの多機関連携の中で異文化コミュニケーションという視点が不可欠です。

司法と福祉では職場文化がまったく違います。そこで使われている言葉はもちろん、意思決定のあり方も、上下関係や同僚との関係も違います。たとえば、司法は縦社会なので、意思決定には現場判断ができず、決裁など意思決定に時間がかかります。これに対して福祉は、現場判断で横の関係で仕事をすることが多いと思います。もちろん仕事の目的も違います。極端なことを言えば、裁判までの司法は、事件を法と証拠に基づいて適正に処理することが目的です。福祉は、クライアントが普通に生活できるように支援することが目的です。このようにまったく違う組織が連携して仕事をするためには、相手が自分たちとは違うことを理解し、相手の立場に立ちながらコミュニケーションすることが不可欠です。これが異文化コミュニケーションの視点です。そのためには、まず、連携の目的、つまり最終的なゴールのイメージを共有することが不可欠です。

日本で新しい組織をつくるとすぐに問題となるのが丸投げです。丸投げが起きる背景には、「それは俺の仕事じゃない」という強い縦割り意識があります。しかし、最終的なゴールのイメージが共有できれば、丸投げなんてことは起きないはずです。

私は、今の日本は、自業自得社会とお互い様社会の岐路に立たされているのではないかと考えています。罪を犯した人を、自業自得だと非難し、自分たちとは異なる存在として排除するのか、あるいは、罪を犯した人を自分たちの社会の一員と考え、お互い様と支え合うのか。いずれにしても、受刑者のほとんどは社会に戻ってきます。彼らが再び罪を犯さないためには、彼らに立ち直ってもらう必要があるのです。人は、刑務所の中で立ち直るのではなく、社会の中で立ち直るということを忘れてはなりません。再犯防止は、刑事司法の問題ではなく、地域社会の私たちの問題なのです。このことを忘れてはいけないと思います

「人は一人でも反省できるが、一人では立ち直る(更生)ことができない」。私は、この言葉で締めたいと思います。

荻上チキ　おぎうえ・ちき

1981年兵庫県生。政治経済、社会問題から文化現象まで、幅広く取材・論評するかたわら、編集、メディアプロデュースなどの活動も行う。電子マガジン「シノドス」編集長。TBSラジオ「荻上チキ・Session-22」パーソナリティ。著書に、『ウェブ炎上—ネット群集の暴走と可能性』（ちくま新書・2007年）、『検証 東日本大震災の流言・デマ』（光文社新書・2011年）など。

浜井浩一　はまい・こういち

1960年愛知県生。龍谷大学大学院法務研究科教授。専門は、刑事政策、犯罪学、統計学、犯罪心理。法務省出身。矯正施設、保護観察所のほか法務総合研究所研究官、国連犯罪司法研究所研究員等を経て、現職。著書に、『犯罪不安社会—誰もが「不審者」？』（光文社・2006年・共著）、『2円で刑務所、5億で執行猶予』（光文社・2009年）、『罪を犯した人を排除しないイタリアの挑戦』（現代人文社・2013年）など。

新《しん》・犯罪論《はんざいろん》

「犯罪減少社会」でこれからすべきこと

2015年10月28日　第1版第1刷発行
2016年1月31日　第1版第2刷発行

著　者　荻上チキ・浜井浩一
発行人　成澤壽信
編集人　桑山亜也・西村吉世江
発行所　株式会社 現代人文社
〒160-0004
東京都新宿区四谷2-10　八ッ橋ビル7階
電話 03-5379-0307　ファクス 03-5379-5388
メール henshu@genjin.jp（編集）/hanbai@genjin.jp（販売）
ウェブサイト www.genjin.jp

発売所　株式会社 大学図書
印刷所　シナノ書籍印刷株式会社
装　幀　Nakaguro Graph（黒瀬章夫）

検印省略　Printed in Japan　ISBN978-4-87798-617-9 C0036